跑好最后一公里

——中国海洋大学管理学院『三全育人』综合改革探索实践

■ 乔宝刚 ◎ 著

中国海洋大学出版社

·青岛·

图书在版编目（CIP）数据

跑好最后一公里：中国海洋大学管理学院"三全育
人"综合改革探索实践/乔宝刚著. -- 青岛：中国海
洋大学出版社，2023.11

ISBN 978-7-5670-3407-5

Ⅰ．①跑… Ⅱ．①乔… Ⅲ．①高等学校－思想政治教
育－研究－中国 Ⅳ．① G641

中国国家版本馆 CIP 数据核字（2023）第 184493 号

PAOHAO ZUIHOU YI GONGLI——ZHONGGUO HAIYANG DAXUE GUANLI XUEYUAN "SANQUAN YUREN" ZONGHE GAIGE TANSUO SHIJIAN

跑好最后一公里——中国海洋大学管理学院"三全育人"综合改革探索实践

出版发行	中国海洋大学出版社
社　　址	青岛市香港东路 23 号　　　　邮政编码　266071
出 版 人	刘文菁
网　　址	http://pub.ouc.edu.cn
电子信箱	appletjp@163.com
订购电话	0532－82032573（传真）
责任编辑	滕俊平　　　　　　　　　　电　　话　0532－85902342
装帧设计	青岛汇英栋梁文化传媒有限公司
印　　制	青岛国彩印刷股份有限公司
版　　次	2023 年 11 月第 1 版
印　　次	2023 年 11 月第 1 次印刷
成品尺寸	170 mm × 230 mm
印　　张	13
字　　数	200 千
印　　数	1—1000
定　　价	45.00 元

发现印装质量问题，请致电 0532－58700166，由印刷厂负责调换。

● 2022 年 11 月，学校党委书记田辉指导学生思想政治工作

● 2022 年 9 月，校长于志刚（左一）为学院创新创业模拟实训中心（POKE 空间）揭幕

● 2020 年 8 月，学校党委常务副书记张静（右一）陪同山东省委教育工委副书记，省教育厅党组副书记、副厅长冯继康（右二）来院视察

● 2021 年 10 月，学校党委副书记卢光志（右五）陪同教育部党史学习教育高校第八巡回指导组副组长盛邦跃（左五）到学院调研

● 2020 年 6 月，学校副校长王剑敏（右数第二列坐席从前往后第三位）出席"践商研学·智援绿春"智营销大赛、旅游 DIY 大赛颁奖仪式

● 2023 年 6 月，学校副校长刘勇（二排左八）出席创程－创新创业管理微专业结业典礼

● 2023 年 5 月，学校副校长范其伟（一排右五）来院参加红旗智援博士团"心系山海皆可平"艺术宣讲会

● 2019 年 12 月，学校副校长李巍然（一排右三）推进管理学院与海尔集团海创汇共建创新创业研究中心

● 2020 年 10 月，学校校长助理吴强明（一排左三）陪同教育部党建工作联络员、中国石油大学（华东）原党委书记郑其绪（一排左四）出席驻青高校商学院思政工作论坛暨联盟成立大会

● 2021 年 12 月，红色扶贫舞台剧《心系山海皆可平》入选全国高校思想政治工作网《百年珍贵记忆——全国高校庆祝中国共产党成立 100 周年原创精品档案》

● 2023 年 5 月，红旗智援博士团党支部与云南绿春工业商务和信息化局机关党支部结对开展主题党日，共同推进乡村振兴工作。2023 年 8 月，红旗智援博士团党支部通过全国高校"百个研究生样板党支部"创建培育工作验收

● 2023 年 3 月，管理学院"'学研赛战'思专创一体化教学，助力冀鲁边革命老区乡村振兴"案例获评"山东省本科高校黄河重大国家战略课程思政优秀案例"

● 2017 年 12 月，"创践——大学生创新创业实务"荣获首批国家精品在线开放课程证书；2020 年 11 月，管理学院整合四门国家精品课程建成专业育人示范课程

● 2020 年 11 月，管理学院马贝同学（右二）获评第十五届"全国大学生年度人物"

● 2021 年 12 月，管理学院"海漾"健美操队获得山东省第十六届大学生运动会健美操比赛亚军

● 2022 年 4 月，"管·家"公寓育人模式参加山东省高校"一站式"学生社区建设成果展被评为典型案例。2022 年 12 月，入选教育部高校"一站式"学生社区风采展示活动优秀案例

序

高校思想政治工作关系培养什么人、如何培养人以及为谁培养人的根本问题，事关党和人民事业后继有人这个根本大计。贯彻落实习近平总书记在全国高校思想政治工作会议上重要讲话精神，坚持把立德树人作为中心环节，把思想政治工作贯穿教育教学全过程，实现全员、全程、全方位育人，努力开创我国高等教育事业发展新局面，是高校为党育人、为国育才的神圣使命和政治责任。

中国海洋大学党委高度重视思想政治工作，持续加强学生思想政治教育，坚持用习近平新时代中国特色社会主义思想铸魂育人，围绕落实立德树人根本任务，在构建完善思想政治工作体系、推动思想政治工作创新发展、深化"三全育人"改革试点等方面进行了不懈探索和实践。2018年10月，中国海洋大学管理学院（简称"管理学院"）成功入选教育部首批"三全育人"综合改革试点学院。

"三全育人"综合改革密码之钥在落实。中国海洋大学党委谋篇布局，积极探索新时代全员、全程、全方位育人的新体系、新思路、新方法，既坚持目标导向、加强顶层设计，把立德树人融入思想道德教育、文化知识教育、社会实践教育各环节，把思政工作贯通学科、教学、教材和管理服务体系，又坚持问题导向、破解关键难题，点面结合、聚力攻坚，上下联动、压茬推进。

"三全育人"综合改革动力之源在创新。管理学院以习近平新时代中国特色社会主义思想为指引，以"三聚焦、三着力"深化新时代思想政治工作，守正创新，构建"党建引领、思政同行、产教协同、专创融合"一体化育人格局；形成"三领三化"党建育人新模式，着力凝聚育人合力；探索"理论学习—扶贫调研—专业赛事—实战落地"的"学研赛战"新模式，系统推动思政、专业和双创教育全过程融合；开创"定点帮扶＋思政育人"新模式，红旗智援博士团实践育人扎根乡村振兴大舞台;完善"明职顾问"职业发展教育体系,建设线上"明职顾问"课程群,四门课程入选国家一流课程,为全国近 1300 所高校提供服务,选课学生 300 余万人;打造校企联合育人新模式,与海尔集团建成创新创业协同育人中心,与海信集团建设产教融合创新基地。

"三全育人"综合改革范式之立在体系。中国海洋大学管理学院"三全育人"综合改革形成了有效的模式体系。比如,坚持系统设计、整体推进,建设"大思政课"一体化育人格局;坚持党建引领、三线联动,确保"三全育人"改革理念"一线贯通";坚持价值引领、五育并举,把立德树人成效作为检验工作的根本标准;坚持问题导向、精准施策,治痛点、疏堵点、破难点、攻盲点、补弱点;坚持师生为本、激活一线,充分发挥教师、学生的主体作用和院系的主观能动性。

管理学院"三全育人"综合改革试点取得明显成效,已经顺利通过教育部组织的验收,改革成果获评山东省教学成果一等奖。希望本书的出版能为高校二级学院加强改进新形势下思想政治工作提供借鉴,为新时代高校思政工作高质量发展贡献实践经验。

立德树人是永恒使命,"三全育人"是系统工程。中国海洋大学将持续深化拓展"三全育人"综合改革成效,总结改革经验,推动改革成果制度化、长效化,按照目标明确、内容完善、标准健全、运行科学、保障有力、成效显著的要求,以前所未有的责任担当精神、干事创业精神、改革创新精神和勇于斗争精神,全面推动学校思政工作高质量发展,不断凝聚培育时代新人的强大合力,奋力开创建设特色显著的世界一流大学新局面,为强国建设、民族复兴贡献海大力量。

中国海洋大学党委常委、副校长　范其伟

2023 年 8 月

前 言

2004年入职以后,我一直从事高校学生工作,致力于探索专业教育和思政教育融合的有效路径。2016年年底,习近平总书记在全国高校思想政治工作会议上强调,高校要把思想政治工作贯穿教育教学全过程,实现全程育人、全方位育人。习近平总书记的指示为高校思想政治工作改革指明了方向。2018年年初,我调任中国海洋大学管理学院党委副书记、副院长,负责学生工作,有机会将多年的思考落地实践。

管理学院是中国海洋大学规模最大的文科学院,工商管理一级学科在第四轮学科评估中为B级,在校生近3700人,专职辅导员岗位师生比不足。如何在确保安全稳定的前提下,通过改革调动全体教职员工的育人力量,将思政工作全过程融入学科专业建设中,成为摆在学院党委面前的主要问题。通过三个多月的校内外调研,征求了各层面的意见建议,学院于2018年5月基本形成了以创新创业教育改革为突破口,推进学院思政工作整体改革的方案。当月,教育部发布通知遴选全国首批"三全育人"综合改革试点。时任管理学院团委书记的薛清元和我在教育部官网上看到通知时,内心激动且忐忑:试点的要求与我们已经确定的改革思路完全一致,但学院缺乏厚实的积累和鲜明的特色,申请全国试点难度极大。

思虑再三,我们向学校分管学生工作的校长助理吴强明主动汇报了改革思路,学院的学科不是最突出的,这样的改革经验更具可复制性,同时以创新创业教育改革为牵引更具示范性。我们的积极主动打动了领导,获得了宝贵的申报机会,期间校长助理吴强明更是多次帮我们修改完善申报材料。2018年10月,管理学院成功入选教育部首批50个"三全育人"综合改革试点学院。至此,学院思政工作踏上了跨越式发展的快车道。

改革是没有一帆风顺的,即使是触及利益面相对小的思政工作。全国试点要求按照十大育人体系进行系统变革,对每一个体系都提出明确的建设目标,二级学院属于微观改革试点,要建立一体化思政工作模式,重点解决"育人最后一公里"的问题。三年来,我们从一点一滴做起,制定修订了90项制度规范,实现了各项工作有据可依;既做加法也做减法,停止目标成效不明晰的举措,杜绝另起炉灶,一张蓝图画到底,在做实做深上发力;坚持动真碰硬,针对课程育人、科研育人拿出真办法,力求真实效。过程中个别师生对我们也产生过误解。

通过我们久久为功的努力,学院思政工作取得了长足进步,学生发展的各项数据均创历史新高,为学校赢得了多个国家级荣誉,获评第一个全国大学生年度人物、全国百个研究生样板党支部、全国思想政治工作优秀案例、教育部思想政治工作精品项目、全国高校"一站式"学生社区风采展示活动优秀案例……由于突出的育人成效,学院成为学校近五年来唯一一个在两次思政评估中均获奖的单位,受邀在全国12个省份分享"三全育人"改革经验。

车到半山路更陡。2022年,学院以优秀等级通过教育部试点验收。试点的工作虽然告一段落,但育人改革没有终点,我们依然沿着既定的方向坚定前行。2022年11月,学校本科教学工作水平评估办公室王真真主任找到我,希望我们能将几年的育人实践凝练为专著,不仅能有效支撑学校本科评估的需要,更能从育人第一线的角度为全国高校思政改革提供系统的借鉴。一语点醒梦中人。经与同事商讨,我们决定把这几年的改革设计、工作案例等按照十大育人体系分类,将教师育人典型案例、育人成效事迹也一并体现,同时把我们认为有借鉴意义的其他全国试点典型案例一并呈现,希望能给各兄弟高校一点启发,以推进"三全育人"改革。

最后,诚挚感谢在改革过程中始终支持和帮助我们的各位领导、老师,感谢与我们共同探索产教协同育人的企业行业精英。谢谢你们。

中国海洋大学管理学院党委副书记、副院长　乔宝刚

2023年1月

目 录

《《 工作案例 》》

《《 育人典型 》》

《《 育人成效 》》

《《 他山之石 》》

学校及学院简介 »»

中国海洋大学是一所海洋和水产学科特色显著、学科门类齐全的教育部直属重点综合性大学，是国家"985工程"和"211工程"重点建设高校，2017年9月入选国家"世界一流大学建设高校"（A类）。

学校创建于1924年，历经私立青岛大学、国立青岛大学、国立山东大学、山东大学等办学时期，于1959年发展成为山东海洋学院，1960年被国家确定为全国13所重点综合性大学之一，1988年更名为青岛海洋大学，2002年更名为中国海洋大学。现有崂山校区、鱼山校区、浮山校区和西海岸校区4个校区，设有1个学部、20个学院和1个基础教学中心。现有在校生34000余人；有教职工4025人，其中，有中国科学院院士6人、中国工程院院士9人。

学校以培养德智体美劳全面发展、具有民族精神和社会责任感、具有国际视野和合作竞争意识、具有科学精神和人文素养、具有创新意识和实践能力的高素质创新型人才为目标，以造就国家海洋事业的领军人才和骨干力量为特殊使命。毕业生中已有14人当选中国科学院或中国工程院院士，3人先后担任国家海洋局局长，参加中国第一次南极考察的75位科学家中一半以上是学校毕业生。

管理学院成立于1986年，秉承"精业博学、经世致用"的育人理念，逐步发展为教学科研水平高、学科发展优势突出、在国内有较大影响的研究教学型学院。现有在校生3700余人；教职工140余人，其中，有享受国务院政府特殊津贴专家2人，文化名家暨"四个一批"人才1人，全国会计名家1人，教育部新世纪优秀人才计划2人，全国会计领军人才2人，全国模范教师1人，山东省泰山学者青年专家1人，山东省教学名师1人。

学院下设工商管理系、会计学系、营销与电子商务系、旅游学系和中国企业营运资金管理研究中心、中国混合所有制与资本管理研究院、应用会计研究所、农业经济管理研究所、管理创新与环境战略研究中心、人本价值研究所等教学科研机构。现有工商管理博士后科研流动站、工商管理一级学科博士学位授权点、农业经济与海洋产业管理二级学科博士学位授权点，有工商管理、农林经济管理两个一级学科硕士学位授权点，有工商管理硕士（MBA）、会计硕士（MPAcc）、旅游管理硕士（MTA）、农业管理硕士等专业学位授权点。会计学、旅游管理、工商管理专业入选国家级一流本科专业建设点，会计学专业为山东省品牌专业、国家特色专业、山东省特色重点学科、专业综合改革试点专业，会计硕士学位授予点为山东省首个会计专业学位教育质量认证 A 级成员单位，企业管理专业为山东省重点学科和山东省哲学社会科学重点研究基地。

2018 年 10 月，学院入选教育部首批"三全育人"综合改革试点学院。

基于产教协同和专业教育融合培养创新
管理人才的思想政治工作一体化模式探索

——中国海洋大学管理学院"三全育人"综合改革建设方案

中国海洋大学管理学院坚持以立德树人为根本,围绕学生、关照学生、服务学生,努力构建"三全育人"格局。2018年1月,学院被学校列为校院两级管理综合改革试点单位,思想政治工作纳入学院事业发展规划和综合改革方案,同步启动一体化改革进程。2018年10月,管理学院被教育部遴选为首批"三全育人"综合改革试点学院。根据试点工作建设要求,制订本方案。

一、改革指导思想、要求与总体目标

(一)指导思想

以习近平新时代中国特色社会主义思想为指导,坚持和加强党对高校的全面领导,紧紧围绕立德树人根本任务,贯彻落实全国高校思想政治工作会议、《关于加强和改进新形势下高校思想政治工作的意见》和全国教育大会精神,根据《高校思想政治工作质量提升工程实施纲要》和学院人才培养目标,以学生发展为中心,坚持目标导向和问题导向相结合,聚焦重点任务和薄弱环节,拓宽发展思路,汇聚外部资源,着力破解学院思想政治工作存在的不平衡、不充分问题,一体化构建学院思想政治工作体系,贯穿人才培养全过程,形成全员、全过程、全方位育人格局。

(二)基本要求

以新思政观引领改革。立足新时代,从"中国特色社会主义教育是知识体系教育同思想政治教育的结合与综合"这一基本认识出发,整合各方

育人资源,把促进学生成长成才作为学院一切工作的出发点和落脚点。

构建一体化育人体系。从体制机制完善、项目带动引领、队伍配齐建强、组织条件保障等方面进行系统设计,构建一体化育人体系,实现各项工作协同协作、同向同行、互联互通。

打通育人"最后一公里"。挖掘学院各群体、各岗位的育人元素,并纳入职责要求和考核内容,融入整体制度设计和具体操作环节,着力打通学院思想政治工作存在的盲区、断点,真正把各项工作的重心和目标落在育人效果上。

(三)总体目标

以立德树人为根本,以提升创新人才培养能力为核心,整合政企校各方资源力量,与专业教育深度融合,改善设施条件、注重文化引领、优化环境氛围,强化"三全育人"基础,增强支持保障能力;提高队伍素养、完善实践体系、创新方式方法,突出"三全育人"重点,增强持续发展动力;健全管理制度、完善激励机制、优化服务流程,健全"三全育人"规范,增强能力、提升活力;强化组织建设、健全责任体系、完善工作机制,落实"三全育人"责任,增强协同育人合力;着力打通"三全育人""最后一公里",探索建立基于产教协同和专业教育融合的学院思想政治工作一体化模式,培养更多适应经济社会发展需求、又红又专的高素质创新复合型管理人才,形成可借鉴、可转化、可推广的经验和做法。

二、改革任务

(一)强化课程思政育人,深化教育教学改革

线上慕课、专题讲座与课外实践相结合,持续提升形势政策课的针对性、实效性和吸引力。大力推动"明职顾问"系列慕课建设,挖掘思政教育元素,融入教学各环节。制定专业教师课程育人管理办法,深入挖掘各门课程的育人功能,建立课程标准审核和教案评价制度。明晰所有教师的育人职责,把思想政治素质作为选聘教师考核的重要依据,将课程育人作为教学督导和教师绩效考核的重要方面,突出学生评价。大力加强师德建设,对违

反师德和学术不端的行为严格查处。

（二）注重思想价值引领，凸显科研育人功能

建立教研一体、学研相济的科教协同育人机制，制订产学研用协同育人计划。修订"310"优秀学术论文激励计划，引导师生面向国家经济社会发展需求深化拓展研究，将社会主义核心价值观融入科研全过程。完善"510"学术计划支持工程，开展科教协同育人，优化科研环节和程序，完善科研评价标准，改进评价方法。健全优秀成果评选推广机制，增强服务国家和区域经济发展的能力。制订"青年英才支持计划"，培育科研创新团队，把思想政治表现作为组建科研团队的底线要求，把育人成效作为科研团队考核的重要指标。制定科技工作道德行为规范和学术诚信教育管理办法，明晰研究生导师立德树人的主体责任，坚持"周四学术恳谈"制度，搭建师生科研交流互动平台，每年至少举办一次学术规范与学术道德专题讲座。本科生开设学术规范选修课程，创新创业训练计划项目立项突出社会需求导向，减少数量，提高质量，构建集教育、预防、监督、惩治于一体的学术诚信体系。

（三）产学研用贯通融合，构建专业实践育人协同体系

根据学生主要的就业流向，与海尔、海信等知名企业建立俱乐部或就业创业实践育人实习基地，确定实习联系人，创新实践形式，形成产教协同实践育人长效互动机制。建设"小蜜蜂指导团"，有传承、有特色地开展以专业实践为核心的社会实践。建立志愿服务认证和表彰制度，着力打造红旗智援博士团精准扶贫实践育人精品项目。专业实践教学不少于总学分（学时）的 15％，与学院四大专业赛事相融合，落实学时、学分。依托学院 POKE 空间，引导学生创业实践，形成创新创业档案，切实提升创新意识和创业能力，不仅培养创业者，更引导学生依托专业，学会用创业精神开创事业和人生。

（四）以文化人、以文育人，打造"管理力量"文化品牌

注重顶层设计，在总结继承以往工作的基础上，结合学院文化积淀，适应新时代要求，系统规划未来 1～2 年的重点项目。着力打造"中国梦·海

大梦•管理梦"的"管理力量"文化品牌,将中华传统文化、社会主义核心价值观教育融入"开学第一课"等重大节点专题活动,打造"毕业最后一课"精品项目,发挥隐形思政教育优势。培育、选拔和宣传一批在学习励志、实践奉献、诚信友善、创新创业、志愿服务等方面践行社会主义核心价值观的师生典型,隆重举办"'伴•铸人'三全育人"表彰大会。

(五)与信息技术高度融合,搭建网络思政教育平台

加强网络文化建设与管理,强化网络素质教育,完善舆情引导机制。学院所属公共网络平台实行备案制,明确责任人,统一管理,净化网络空间。从学院、班级、学生会和社团等多层面选拔培育学生骨干,由专职辅导员负责,建设一支政治强、业务精、作风硬的网络工作队伍。整合现有课程资源,与智慧树网合作,搭建"互联网＋思政教育"慕课平台,为各高校提供优质课程服务。依托现有网络平台载体,立足学院育人目标和师生身边的先进典型,特别是学术大师、教学名师、优秀导师和辅导员、班主任,大力推进网络名站名栏建设、网络名篇名作创作、网络教育名师名人培育,产出更多有特色、接地气的优秀网络文化成果,纳入学院科研成果统计,作为师生评奖评优依据。切实抓好"两微一端"建设,制订网络安全应急预案,探索"大数据＋思政教育"途径,提升思政工作的前瞻性。着力打造"中国海大管理力量"微信公众号,以学生生涯成长为重点,不断丰富内容、创新形式,真正实现有价值、有温度、有力度、有效度的教育,做成国内管理学院知名微信公众号。

(六)育心与育德相结合,构筑分类指导体系

坚持教育为主、重在预防,加强人文关怀和心理疏导。将心理健康教育纳入人才培养方案,引入优质慕课,开设选修课程,突出以生涯教育为主的积极心理健康教育。对不同学历、学科专业学生进行心理健康教育分类指导。依托知心社团开展心理卫生知识普及教育活动,利用报刊、广播、网络等媒介开展宣传,举办"525"心理健康节,形成良好心理育人氛围。完善本科生院、班、舍三级预警防控体系,构建研究生心理危机预警防控体系,制定心理危机干预预案,建立学生心理危机档案,严格执行工作

月报制度,对重点学生定期沟通、重点关注,提升工作前瞻性。定期对专兼职辅导员、班主任、研究生导师及学生骨干进行培训,提升心理育人能力。多措并举,培育学生理性平和、积极向上的健康心态。

(七)健全制度,规范管理,增强管理育人功能

建立健全管理育人制度体系,建设"管理育人示范岗"。研究梳理学院各个岗位的职责及育人元素,编制岗位说明书,明确管理育人的内容和路径。丰富完善班主任、兼职辅导员、学生骨干、宿舍长等群体的公约体系,建立完善的规章制度和约束机制。建立研究型、学习型、服务型团队,引导师生培育自觉、强化自律。加强各类队伍建设,制订五年培训规划,提高整体育人能力。树立以学生成长为本的工作理念,大力营造治理有方、管理到位、风清气正的育人环境,用良好的管理模式和管理行为影响与培养学生。把育人功能发挥纳入管理岗位考核评价范围,作为评奖评优条件。

(八)提供靶向服务,精准服务育人

打造"管•家"服务品牌,把解决实际问题和解决思想问题结合起来,积极解决学生学习生活中的合理诉求,在关心人、帮助人、服务人中教育人、引导人。实行服务承诺制和首问负责制,每月举办"敞开唠"工作坊,针对某一专题,党政负责人问需、问策、问效于学生。思政教育进公寓,将宿舍作为思想政治教育的重要载体。建设"管理力量—权益菌"工作站,形成"宿舍—班级—学生会权益部"三级联动,强化与后勤、网信办、保卫等部门的互动,为学生提供精准便捷的服务,建立学生参与后勤日常管理服务工作的长效机制。开展传染病防治、安全应急与急救等专题健康教育活动。

(九)扶困扶智扶志结合,完善发展型资助育人体系

建立精准资助工作体系。完善家庭经济困难学生档案,实行动态管理。建立诚信档案,完善监督机制,建立公开反馈渠道,开展班级意见调查。奖学金评选中,全面考查学生的道德品质、学习成绩、创新发展、社会实践等方面的综合表现。建设发展型资助育人体系,着力培养学生自强不息、创新创业的进取精神,培育学生树立正确的成才观和就业观。开展"助学•筑梦•铸

人"主题教育,强化资助育人导向。以自强社为抓手,加强以提升学生综合素养为核心的创新创业培训,帮助学生落实工作岗位,实现真正的济困。

(十)加强改进组织体系建设,强化组织育人功能

1. 党建

选优配强党支部书记,定期开展专题培训。加强党支部的标准化、制度化建设,建立学院党支部书记抓基层党建述职评议考核制度。实施教师党支部书记"双带头人"培育工程和学生党支部书记"一岗双责"制度,真正发挥党支部的战斗堡垒作用,增强党支部的组织力。规范团员推优入党等组织发展程序,各个环节执行票决制、公示制,建立可量化、可评价的过程培养机制。建立完善朋辈导师等制度,每位入党积极分子、预备党员每学期至少进行三次活动,由支部考核实效。不断完善党员综合评价体系,筑牢底线,对未按照要求履行党员义务的,根据相关规定稳妥严肃处理。打造"管理先锋"党建品牌,开设网络宣传平台,通过分享会、青年说、微党课、先锋服务队等形式,深入学生群体,在教育实践中加强学习,起到先锋模范作用。

2. 团建

完善党建带团建机制,积极发挥党委、团委协同育人的组织优势。从青年教师中选任一名、从学生中选任两名团委兼职副书记,规范团委会工作制度。不断提高团员评议、团支部书记培训、团支部达标升级等工作质量,提升团支部活力。根据学院专业特色,有导向地培育优秀团支部建设创新立项,树立典型,影响带动所有团支部特色发展。构建分层分类一体化思想政治和价值引领工作体系,扎实推进以"致远领航"课程培训体系和红旗智援博士团公益实践平台相结合的"青年马克思主义者培养工程"。

3. 学生组织建设

明晰本科生班委职数,明确岗位职责,修订班级绩效考核标准。建立"院—班—舍"扁平化管理矩阵,简化管理流程。探索信息化管理方式,减少信息传递偏差和效能递减。制作《舍长工作手册》,强化工作职责,给予工作认可,每年举办优秀舍长评选,宣传先进事迹。构建中国共产党领导下

的团学组织格局,规范学生会、研究生会及学生社团的日常管理,营造风清气正的工作环境。创新学生会的组织动员形式,紧紧围绕学生成长成才需求,与班级建设联动更加紧密,充分发挥"四自"作用。

三、拟突破的重点

通过思政工作改革一体化设计,整合政企校资源,以创新创业教育为切入点,与专业教育深度融合,培养具有企业家精神的高素质创新复合型管理人才。

(一)构建"点线面"到"体"的创新创业管理人才培养模式

面向全体本科生(面),线上线下结合,进行创新创业基础教育,激发创新意识;面向有创新创业意愿的学生(线),组织四大专业赛事,培养专业技能,鼓励创新实践;面向创新创业能力强的学生(点),加强个体指导,扶持项目成长,增强创业本领;鼓励学生积极组织、参与学校各个创新创业实践团队(体),不同专业学生互动合作,培养团队协作精神和协同攻关意识。四个层面整体协调推进,分类聚焦,因材施教,激发学生内生动力,形成"点线面"到"体"的创新创业自适应教育模式,不断引领学生自主发展,为步入社会创业发展奠定素质能力基础。

(二)搭建教育与实战贯通融合的"互联网+"创新创业管理人才培养平台

以工商管理系老师为骨干,其他系老师参与,成立创新创业研究中心,专职辅导员辅助,外校知名教授及社会导师指导,共同建设专业配套课程,形成创新创业教育课程群,编写系列教材,建设线上创践学院,增强创新创业教育合力。以行业企业实际需求为重点,将四个系核心专业课程的实践环节有机组合,举办与专业实习实践互补相长的四大专业赛事,老师指导学生参与比赛作为课程的实践环节。各系主办,学院指导,驻青高校参与,吸引政府、企业协办,以赛促学,深入推进产教融合。建设POKE空间,为有创新创业意愿的学生提供法律、融资等服务,建成面向青岛高校的创新创业者聚集地。打造红旗智援博士团实践育人精品项目,面向革命老区,运用专业知识精准扶贫,在各省区高校遴选优质博士项目,共同助力乡村振兴。

(三)建立产教融合的政企校协同育人长效机制

与海尔集团合作成立"创践工作室",连同青岛市人力资源和社会保障局,共同搭建线上创新创业教育平台和实战平台,以学生实战项目为连接点,形成学习档案和实战档案,为政府和企业选拔优质创新创业项目或人才提供依据。政府整合人才、资金,企业负责实践指导,高校专注人才培养,协同建成产教融合联盟,为政府吸引优质创业项目提供途径,为高校学生创新创业实践搭建平台,为企业健康发展持续输送具有创新精神的优质人才。建立健全政企校协同、产教融合一体化育人机制,努力推动形成政企校融合的"三主体"格局,协同培育创新创业人才。

四、改革进度安排

按照"夯基础、强内涵、出成效"的目标,分阶段、有重点、有步骤地推进综合改革试点工作。

2018年10—12月,搭建框架建制度。建立思政工作一体化推进的"四梁八柱",系统梳理归纳学院内外各个群体、各个岗位的育人元素,并作为职责要求和考核内容融入整体制度设计与具体操作环节,基本形成内容明晰、制度完善、流程优化、管理规范、激励有力的工作体系。

2019年1—12月,突出重点补短板。做好思政工作一体化推进的"内部装修",根据每一部分的工作目标,整合各方育人资源,着力打通盲区、断点,理顺各项工作内在的育人逻辑,注重内涵拓展、质量提升,实现各项工作的协同协作、同向而行、互联互通。

2020年1—9月,形成成果显特色。建立思想政治工作融入教学科研管理服务全过程的实施体系,构建内容完善、标准健全、运行科学、保障有力、成效显著的学院思想政治工作体系,全员、全过程、全方位育人富有实效,形成可借鉴、可转化、可推广的育人制度和模式。

五、学院组织领导

（一）健全机制

将学院党建工作融入育人育才全过程，充分发挥学院党委的政治核心功能，牢牢把握党对高校意识形态工作的领导权。规范学院党委会和党政联席会制度，完善议事决策规则，涉及办学方向、教师队伍建设、师生员工切身利益等重大事项，由党委会先研究再提交党政联席会议决定，充分发挥学院党委在育人重大事项上的政治把关作用。

成立由学校分管领导任组长，学院党委书记、院长为副组长的学院"三全育人"综合改革试点工作组，负责综合改革试点工作的具体推进和督促落实。充分发挥"钉钉子"精神，抓铁有痕、踏石有印，夯实基础、强化内涵、注重实效。把握好改革、发展与稳定的关系，确定工作任务责任书、实施路线图和完成时间表，形成整体方案向学校党委常委会汇报，按要求向教育部报备。

（二）完善制度

完善学院内部治理结构，健全制度体系和制度落实机制。健全领导联系师生、谈心谈话制度。每学期党委会和党政联席会成员至少参加学生日常思想政治教育活动两次，主要负责人为学生讲授思想政治理论课或形势政策课一次。在政策上明确体现人才培养是教师的首要职责，改进教师的评价激励制度，突出学生评价，把课程育人作为教学督导和教师绩效考核的重要方面。

按照学校《深化创新创业教育改革的实施方案》，修订学院人才培养方案，明确本科生、研究生创新创业教育目标要求，使创新精神、创业意识和创新创业能力成为评价人才培养质量的重要指标。积极吸引社会资源和国外优质教育资源投入创新创业人才培养。

（三）建强队伍

1. 专职辅导员

学院工作按照工作模块分为党务、学工办、团委三大部分，每个模块设负责人,根据岗位职责设计不同梯度的岗位津贴。完善辅导员队伍考核机制,学生评价和学院评价相结合,长期评价和重点工作评价相结合,突出工作实绩。加大对优秀辅导员的表彰力度,除学校表彰奖励外,学院配套给予奖励。引导辅导员差异化发展,培养高校思想政治工作中青年杰出人才,培育若干高校思想政治工作精品项目,建设高校思想政治工作名师工作室。鼓励并支持辅导员参与教学、研究、国内外培训研修,参照教师给予相应的经费支持。

2. 班主任

班主任是育人工作的排头兵,在思政教育,尤其是在学生安全稳定教育管理中具有不可替代的作用。对于班主任工作,每学期认定工作量。对于优秀班主任给予相应奖励,在专业技术职务评聘中优先考虑。

3. 专业教师

引导专业教师积极参与指导创新创业、社会实践、校园文化活动等,强化教师的教书育人能力。对指导学生团队、参与活动组织及评审等的专业教师给予业绩认可。对指导学生获得省级以上奖项的教师给予奖励。指导学生团队获得"互联网+"大赛全国银奖以上、"创青春""挑战杯"全国金奖的教师,在专业技术职务评聘时可作为成果。

管理学院党委

2018 年 11 月 18 日

工作案例

教育部要求高校学院试点按照《高校思想政治工作质量提升工程实施纲要》划分的十大育人体系进行探索，力争形成思政工作一体化模式，重点打通育人"最后一公里"的问题。中国海洋大学管理学院据此制订建设方案，以创新创业教育为突破点，参照指标要求，立足学院实际，先做减法，将现有的举措整合、修订，尽量不增加新的工作；也做加法，向下用劲，建章立制，强化考核，把动作做深做透做实。在全员层面，构建"三领三化"党建工作模式，增强一体联动的育人合力；在全程层面，抓牢专业实践育人载体，以"学研赛战"实现思专创融合，强化衔接紧密的育人过程；在全方位层面，完善"四维四阶"职业发展教育体系，形成科教产"三主体"育人机制，织密有效有力的育人网络。十大育人体系蕴含其中，形成可复制推广的学院思政工作微观一体化模式，简称"创践模式"。本章围绕十大育人体系的具体做法，既有宏观层面的设计，也有微观层面的举措，其中部分举措获得了国家、省、市层面的认可。

组织育人：新时代高校党建引领全员育人模式探索

——中国海洋大学管理学院"三领三化"党建工作模式

"培养什么人、怎样培养人、为谁培养人"是教育的永恒之思。进入新时代，习近平总书记从整体战略高度对中国高等教育提出了许多新理念和新论断，确定了许多新任务和新举措。"三全育人"理念的提出，表明了党中央对高校人才培养工作的高度重视，也体现了习近平总书记对高等教育的深情嘱托与殷切期待。在"三全育人"综合改革中，全员育人是核心，党的领导是最大优势。面对当前新时代要求，高校必须始终坚持党的领导，积极发挥党建工作优势，重点围绕全员育人这个关键点，将党建优势转化为化解育人困境的机制优势，转化为落实立德树人根本任务和构建全员育人模式的根本动力（图1）。

图 1　全员育人模式图

中国海洋大学管理学院在推进"三全育人"综合改革过程中，针对全员育人意识不足、教师课下育人参与不够、学生自我教育能力不强的问题，通过党委统领顶层设计标准化、支部携领精准落实制度化、党员带领先锋示范常态化,探索建立"三领三化"党建工作模式,抓牢教工、学生党员骨干,增强全员育人合力。

一、党委统领顶层设计,激发育人骨干活力

(1)改革机构,明晰职能分工。对学院学生工作机构进行改革,重新梳理院团委工作职责,聘任教师、学生兼职团委副书记,专注主责主业。根据工作需要成立党务工作办公室、学生工作办公室,组建学生职业发展中心,从上市公司聘任人力资源专家、职业经理人全职主持中心工作。

(2)强化辅导员专业化建设。学院党委制定岗位说明书、绩效考核办法和标准化工作手册,定期组织"开讲吧,导员"培训,针对不同工作模块打造"一人一品"辅导员工作品牌项目,逐步引导团队提升业务水平。凝练形成学院辅导员公约体系,凝聚全员投入改革工作的思想共识,增强思政工作专门队伍的战斗力和凝聚力。

(3)提升班主任思政工作主动性。教师评聘上一级职称须有至少一年的班主任工作经历,优秀班主任在职称评定时优先考虑,学生满意度评价低的班主任取消下一年度职称评定资格。学生对班主任的整体满意度自2018年以来稳步提升,从89.1%升至96.6%。

(4)提升学生骨干的自我教育能力。举办"致远·领航"学生骨干培训班,增强其自我教育、管理和服务能力;通过"问梦青春"校友访谈,41名优秀校友返校与1210人次的学生分享职业成长历程,通过整合联动校外育人资源,提升全员育人格局和质量。

二、党委统领建立标准,强化师生育人意识

(1)制定教师育人工作考核办法。划定课下育人工作量底线要求,明确下限,督促参与。提供19个方面59条具体育人路径,多元选择,自主参与。育人工作与绩效考核挂钩,增量补贴,鼓励参与。专业教师全员参与课下育人,工作时长年增长30%以上。

(2)全面改革学生评价体系。破除"唯分数"论,以培育核心价值观为目标建立"固本弘文"四年一体化育人方案,每个活动如同一门课程,有明

确的培养目标,修满学时学生达到100%,解决了近1/4的学生不参与育人活动的问题,五育并举激发学生成长内生动力。

（3）完善学生党员发展教育量化考评体系。将量化考评贯穿学生党员发展培养的全过程,在党员发展关键节点上明确标准、细化要求、保证质量。过程可控是基础,实时更新是保障,学院与校网络与信息中心合作开展党建信息化建设,探索建立"司南"学生党员量化考评系统,实现过程节点布局明细,培养发展实时跟进,组织育人成效显著提升。

三、教工支部引领培育特色,融合业务全员育人

学院各系所教工党支部将党小组建在教研室中,辅导员坚持纵向带专业,参与教研室备课授课,学工与教学基层组织融合,结合业务梳理课程思政着力点,逐步形成支部特色育人项目。会计学系立足科研育人,培育硕博贯通、注重传承的学生科研团队,育人成果获国家教学成果二等奖;工商管理系推进课程育人,积极探索专业知识与思政要素的融合;旅游学系试点资助育人,精准服务经济困难学生需求,通过多种途径扶贫扶智,为学生发展提供保障;营销与电子商务系在人才培养方案改革中主动融入实践育人,把"智营销"大赛平台作为毕业实习和专业建设交流的重要环节,先后引导2000余名师生参与脱贫攻坚和乡村振兴,在专业实践过程中涵育学生家国情怀。

四、学生支部携领细化制度,提升组织育人成效

（1）做实发展党员各环节。梳理形成学院入党积极分子培养联系人职责清单、入党介绍人职责要求,以党支部为单位开展专题培训,规范动作要求,履责情况纳入党员量化考评,培养联系人、入党介绍人作用得到充分发挥,入党积极分子思想汇报质量明显提升,预备党员服务奉献意识显著增强。

（2）探索组织生活新形式。开展学生党支部创新立项和品牌建设,给予经费支持。为提升党员培养发展质量,学院党委开发"司南"系统,抓实抓牢党员发展教育各环节。为解决部分流动党员、毕业年级党员"参与线

下组织生活难"的实际问题,按照"党员自愿申请、支部严格把关、学院厉行督导"的原则,制定《管理学院学生党员线上组织生活制度》,明晰线上组织生活内容及要求,实现了党员流动不流失、学习不断线、离校不离组织。

(3)开展党支部"三结对"共建。将党建工作与专业教育相融合,学院党委委员及教工支部委员联系学生党支部,引荐校外优质单位与学生党支部共建,建立校企支部联动机制,实现"三结对"。先后与海尔、海信、京博、毕马威等校外单位结对,成果《师生支部齐联动,共办实事开新局》在全国高校党史学习教育工作成果展中进行宣传展示,为学生学以致用和未来发展搭建了平台,学生专业素养和实践能力得到充分培养与提升。

五、党员带领身体力行,冲锋在前成为常态

(1)建立"'伴·铸人'三全育人"表彰体系。着重在教工党员中挖掘十大育人体系下的育人典型,引导育人团队以德立身、以德立学、以德施教,激发教工主动育人意识。改进并坚持"每周师生面对面"活动,三年来累计有专业教师70人次走下讲台,与1800余名学生分享学术和人生感悟,在做人、做事、做学问的过程中为学生做表率。涌现了一批立足本职、潜心育人的模范先进,王竹泉教授被评为"全国模范教师""2020年度山东省教书育人楷模",韩立民、薛清元被评为"中国海洋大学最美教师"。

(2)实施党员"旗帜"责任岗制度。一名党员就是一面旗帜,通过制定《管理学院学生党员"旗帜"责任岗制度》,设置6大类19个责任岗,以岗定责,责任到人。

课程育人:高校智库引领会计学专业教研育共同体建设

　　立德树人是教育工作的根本任务,也是高校智库义不容辞的责任和使命。针对会计学专业全员参与课程育人的程度较低、课程育人特色不明显、科教产协同未将育人作为首要目标、协同育人机制缺失等问题,中国海洋大学中国企业营运资金管理研究中心确立了高校智库落实立德树人根本任务的"双一流引领"理念,即以一流理论创新引领课程资源开发,以一流科研育人引领课程育人和实践育人,擘画了高校智库将学科优势转化为课程育人优势的"四维"导图和将人才优势转化为全员育人特色的"三化"方略,探索明晰了高水平大学一流学科"三全育人"的路线图和方法论,实现了高校智库对落实立德树人根本任务的示范引领,创新实践了教研育共同体建设的三条路径,构筑了科教产协同育人的长效机制,形成了"学习能力、创新能力、实践能力"培养和"价值观念、科学精神、协作意识"塑造的良性循环,从根本上解决了"重育才、轻育人"的问题。

一、解决的主要问题

　　在我国,会计学专业是一个开设院校在 600 所以上、在校生人数最多的专业。该专业不仅要面对信息化、数字化的冲击,更要应对全球化、国际化带来的西方制度和价值观念的挑战,落实立德树人根本任务成为众多高校的普遍关切。对中国海洋大学的会计学专业来说,需要解决的突出问题有以下三个。

(一)如何将学科和人才优势转化为课程育人优势与全员育人特色?

　　学校的会计学专业虽然在学科和人才方面具有明显优势,但在课程育人方面的优势并不明显,突出表现在全员参与课程资源开发的程度较低,课程思政元素挖掘不足、建设路径不清,育人特色不明显。

(二)如何在科研训练、专业实践全过程中有机融入思政元素?

教师课下参与育人不够,指导学生开展科研训练、专业实践中对价值塑造重视不足,与常规的思政教育活动各行其是,专业教育与思政教育"两张皮"的现象十分普遍却难以改变。

(三)如何打造以育人能力提升为目标的科教产协同育人平台?

一流学科引领下的科教产协同是高水平大学的优势,科研团队重视创新能力,教学团队重视学习能力,产业企业重视实践能力,科教产协同关注各方责权利的协调,未将育人作为首要目标,协同育人机制缺失,全方位育人平台建设严重不足。

二、解决方案

(一)科学设计"四维"行动导图,将高校智库的学科优势转化为课程育人优势

(1)发挥特色研究优势,开发"营运资金管理"等特色课程,培养学生的理论自信和制度自信。

(2)发挥国际视野优势,深化建设"高级财务会计"等课程,培养学生的道路自信和文化自信。

(3)发挥创新能力优势,开设"创新创业教育""职业发展教育"等慕课,促进精品育人资源共享利用。

(4)发挥学科交叉优势,开发"财务信息化"等课程,促进育人机制创新和内容重构。

(二)构筑"三化"引领方略,将人才优势转化为全员育人特色

(1)发挥理论人才优势,将政府社会资本、营运资金管理等理论成果转化为课程思政元素,强化特色课程思政建设,促使中国特色社会主义道路、理论、制度、文化入脑、入心,凸显科研育人特色。

（2）发挥领军人才优势，会计名家、全国模范教师引领，强化专业课程思政建设，"传、帮、带"团队协同，为党育人，为国育才，凸显课程育人特色。

（3）发挥思政人才优势，党组织负责人和辅导员协同强化大思政课程建设，关爱学生的全面成长和发展，凸显实践育人特色。

（三）将教学、研究、育人团队一体建设，科教产协同打造教研育共同体全方位育人平台

（1）面向科学前沿的协同创新中心。以营运资金管理创新为依托，进行营运资金管理调查等科研训练，教师、科研助理与企业专家共同参与科研育人。

（2）面向重大需求的产教融合基地。以创新创业研究为依托，与海尔共建"创践"等慕课，教师、辅导员和社会专家共同参与课程育人。

（3）面向专业前沿的联合实验中心。以产业互联网、智能风险评估为依托，与海尔卡奥斯、万链等企业合作建设产业互联网与智能资本配置实验室，教师、实验员与企业专家共同参与实践育人。

三、创新点

（一）理念创新：确立了高校智库落实立德树人根本任务的"双一流引领"理念，擘画了学科优势转化为育人优势的路线图和方法论

以落实立德树人根本任务为统领，确立了高校智库以一流理论创新引领课程资源开发，以一流科研育人引领课程育人和实践育人的"双一流引领"理念，并结合专业特点设计了将学科优势转化为课程育人优势的"四维"导图和将人才优势转化为全员育人特色的"三化"方略，探索明晰了高水平大学一流学科"三全育人"的路线图和方法论，落实立德树人。

（二）机制创新：创新实践了教研育共同体建设的三条路径，构筑了科教产协同育人的长效机制

以科研创新为引领，以育人水平提升为目标，将教育链、创新链与产业链有机衔接。教育链着力提升课程育人水平，创新链着力提升科研育人水平，产业链着力提升实践育人水平，形成"学习能力、创新能力、实践能力"

培养和"价值观念、科学精神、协作意识"塑造的良性循环,调动了各方育人的内在动力,形成科教产协同育人机制,从根本上解决了"重育才、轻育人"的问题。

四、实施效果

(一)全员育人意识显著提升,育人典型不断涌现

"事事有思政"成为共识,教师育人参与度明显提高。"营运资金管理"课程团队被授予教育部首批课程思政教学名师及团队。王竹泉获"全国模范教师""2020年度山东省教书育人楷模"等称号。

(二)为党育人、为国育才成效显著(与2017年比对)

会计学专业连续多年成为学校录取分数最高的专业,学生参与省部级以上竞赛获奖数量提升近3倍。"入脑入心"成效明显,"四个自信"更加坚定,8名学生获The Association of Chartered Certified Accountants(ACCA)全球统考内地(祖国大陆)单科成绩第一,毕业生名校深造比例大幅提升近1/3,达40%以上。

(三)专业建设和智库建设成果斐然

会计学专业入选首批国家一流本科专业,6门课程获评国家级一流课程,被1300多所高校选用,获得学分学生超320万人。该智库先后获国家级教学成果二等奖1项,省级教学成果一等奖5项、二等奖3项。20多项教学案例入选国家级案例库,4个案例库入选山东省专业学位案例库。2项调研报告被国务院发展研究中心采纳,4部著作入选"十三五"国家重点出版物出版规划,获省部级以上科研奖励20余项。王竹泉被评为国家级高层次人才、财政部会计名家等。

(四)教研育共同体建设卓有成效

中国海洋大学中国企业营运资金管理研究中心2018年入选"中国智库索引"(Chinese Think Tank Index, CTTI)高校智库百强(A),是全国高校财会专业科研机构中唯一入选的,2020年被评为山东省高等学校示范协同创

新中心，2022 年再次入选 CTTI 高校智库百强（A）。该研究中心牵头建设的智能资本配置与产业互联网运营文科实验室 2022 年被遴选为山东省高等学校文科实验室建设（A 类），完成的"高校智库引领会计学专业教研育共同体建设"入选 CTTI 2022 年度智库最佳案例。王竹泉主持的"新文科财会教师专业发展探索与实践"获教育部首批新文科研究与改革实践项目立项，"后疫情时代'一带一路'沿线国家企业财务问题研究"获国家社科基金重大项目立项；"以高水平综合性大学为引领构建新时代财会职教师资本硕连读培养体系"等建议被"教育部、财政部职教师资素质提高计划"采纳，实现了成果跨类型、跨层次的示范引领。教研育共同体建设的经验被《中国科学报》《中国会计报》等 20 余家媒体报道。

组织育人：全面从严治党背景下 高校二级学院组织育人路径探索与实践

——以中国海洋大学管理学院为例

党的十八大以来，以习近平同志为核心的党中央高度重视教育事业，切实强化党对高校的全面领导，不断推动高校全面从严治党向纵深发展。中国海洋大学管理学院作为教育部"三全育人"首批综合改革试点学院，在全面从严治党的背景下，立足试点建设要求，不断加强组织育人建设，拓宽组织育人渠道，探索形成学生党员发展教育体系，切实提升组织育人实效。

一、背景及探究思路

2021年4月，中共中央印发《中国共产党普通高等学校基层组织工作条例》，要求各级党委（党组）切实履行全面从严治党主体责任，把高校党的建设摆在突出位置来抓，坚持和加强党对高校的全面领导，健全高校党的组织体系、制度体系和工作机制，推动高校党的建设与高等教育事业发展深度融合，以高质量的党建引领推动高校为党育人、为国育才，实现高质量发展。

中国海洋大学管理学院党委在充分调研的基础上，发现学院党建工作存在基层党支部标准化、制度化建设不完善，党支部战斗堡垒作用和党员先锋模范作用发挥不明显，组织育人不平衡、不充分等问题。学院党委结合学院党建和学生工作实际情况，尝试建立和完善学生党员发展教育量化考评体系，通过量化考评体系的应用，准确客观地反映入党积极分子和学生党员的成长发展状况，以便对其进行有效的监督和引导；探索实施"双旗"建设工程，建立"四诺"学生党员教育体系，健全学生党员保持先进性的长效机制，充分发挥党支部的战斗堡垒作用和党员的先锋模范作用，切实提升组织育人的实效性。

二、组织育人路径探索

1. 以量化考评体系为基础,加强党建工作标准化、制度化建设

修改完善了学生党员发展教育量化考评体系并在全院试行,按照"四讲四有"的要求对入党积极分子的思想政治、品德修养、日常表现等进行量化,将量化考评结果进行排序并作为党员发展的重要依据。对全院700余名入党积极分子进行了量化考评追溯赋分和审核把关,实现了培养考察不断线、量化考评有依据。制定并完善了党员、党支部量化考评体系,对党员、党支部要完成的"规定动作"进行了明确要求和量化,对考评结果优秀的进行表彰奖励,对考评结果落后的进行勉励督促,以党建工作标准化、制度化建设促进党员保持先进性和纯洁性。

2. 以"双旗"建设工程为抓手,着力培育一批优秀党员、先进党支部

坚持"一名党员就是一面旗帜"的理念,制定《管理学院学生党员"旗帜"责任岗制度》,设置了6大类19项责任岗,以岗定责,责任到人,全体学生党员已完成岗位认领,在自己的责任岗上履职尽责。坚持"一个支部就是一座堡垒"的理念,制定学生党支部评星定级考评标准,开展"旗舰"学生党支部建设工程,培育出红旗智援博士团"全国百个研究生样板党支部"。开展学生党支部创新立项和品牌建设,每年通过答辩、评审选拔确立9～10个创新项目。先后对200余名学生党员骨干进行专题培训,提升了党员骨干的政治素养和党务水平。

3. 以"四诺"教育体系为主线,强化党员入党后的教育与培养

学生党员按照要求认领责任岗,针对自身岗位职责在支部内进行"公开承诺";学生党员在学习、生活、工作等方面主动担当,在组织生活、社会实践活动中发挥先锋模范作用,在每月的组织生活会上就自身履责情况进行公开汇报,切实"履职践诺";学院制定《管理学院学生党员述责答辩制度实施办法》,各学生党支部按照要求每年召开党员述责答辩大会,学生党员就个人思想、学习、工作、生活等方面情况汇报,并接受评委的质询和提问,实现党员"述责应诺";通过开展党员民主评议、党员满意度测评等实现"民主评诺"。

4.以系列教育活动为载体,持续塑造"管理先锋"党建品牌

开展"管理先锋"系列教育活动 36 场,参与活动的学生党员、入党积极分子超过 5000 人次。通过"青春的模样"红色宣讲、"学习时代榜样"主题演讲、"薪火相传,初心向党"荧光夜跑、"双创有我"先锋志愿服务、"党和人民的故事"红歌会等教育活动,锤炼了学生党员的党性修养,增强了党员的服务奉献意识,实现了以系列教育活动促学生党员成长,塑"管理先锋"品牌。

三、组织育人实践成效

1.党建工作实效性不断提升

通过对育人机制的探索和完善,学院党委进一步明确和优化了学生党建工作的思路与形式。学生党员发展量化考评体系的制定和推行,解决了"党员发展导向不清、党员推荐标准不明"的现实问题,改变了由"成绩分""人情票"来决定能否发展入党的方式,激发了更多学生的入党热情。学生党员"旗帜"责任岗制度试行后,党员履职尽责意识明显增强,本科生和硕士研究生宿舍长实现全部由党员或入党积极分子担任,志愿服务活动党员平均参与率超过 50%。

2.党支部活力显著增强

学生党员、党支部量化考评体系的推行,增强了党员参与组织生活的积极性和自觉性。以先期试点的会计专硕研究生党支部为例,组织生活党员平均参与率达到了 98.3%,相比之前提升了近 20%。在"不忘初心、牢记使命"主题教育期间,"我和我的祖国"主题党日活动学生党员参与率为 100%,"灯塔-党建在线"25 学时线上学习任务学生党员完成率为99.2%,30 余名学生党员超额完成线上学习任务。红旗智援博士团党支部赴乐陵开展智援帮扶的事迹被《人民日报》《光明日报》报道宣传。

3.党员成长路径更加明晰

学生党员量化考评体系和"四诺"学生党员教育体系的构建与推行在一定程度上解决了此前学院学生党员教育管理工作中存在的思路不清、重

点不明、缺乏规划等问题。将"四讲四有"的合格党员标准和专业培养的目标相结合、将党员"四诺"与先锋模范作用发挥相结合,明晰了学生党员成长进步的目标,开拓了学生党员成长发展的路径。学生党员每年人均参加系列教育活动5.7场,多名本科毕业生党员获得免试推荐攻读研究生资格。

科研育人:以本科生全程导师制为依托扎实推进本科生学风建设

——"三全育人"理念下本科生导师制育人模式探索

"三全育人"立足于系统观念,将高校的育人生态视为有机整体,不断强调将立德树人根本任务与思想政治教育活动深度融合,并且全面统筹各领域、各环节、各方面的育人资源和力量,以期形成更高水平、立体化的育人体系。当前,"三全育人"在高校开展的重要基础是队伍建设。作为高校教育工作的中流砥柱,专业教师身负教书育人的职责使命,不仅能够向学生传授专业理论知识和实践技能,同时也在学生的成长过程中起着潜移默化的深远影响。

统观全国高校当前的本科人才培养方略和措施,本科生导师制已经日益成为专业教师参与"三全育人"行之有效的载体,不仅能够推动专业教师具体、直接、深入地参与立德树人全过程,还切实肩负起学生健康成长"四个领路人"的重要使命。

就微观层面而言,"三全育人"不仅能够显著提升学生课业成绩,锻炼和培养学生的实践及创新能力,也能够增强教师的责任感和教学投入度;就宏观层面而言,"三全育人"能够驱动高校扶持一流学者、培育一流人才、支撑一流学术、涵养一流学科、建设一流学风等,助推高校内涵式高质量发展。

然而,运行环境存在客观困难、优质师资力量匮乏、管理机制缺乏科学性、实际操作不够系统以及实施主体认同感缺失等因素制约着高校本科生导师制的开展,难以达到满意的推行效果,而且并未形成长效稳固的运行机制。因此,亟须贯彻"三全育人"理念,结合高校人才培养目标,从系统思维出发,完善综合举措,配备有效机制,深化本科生导师制的创新实践探索,构建本校特色鲜明的本科生导师制育人模式。

管理学院作为全国首批"三全育人"综合改革试点学院,致力于培养扎根中国大地、肩负家国情怀、具有国际视野的创新管理人才。学院党委全面学习贯彻习近平总书记关于教育的重要论述,充分发挥一线教师的育人作用,着力培养本科生创新创业能力、自主学习能力、科学研究能力和职业发展能力,促进学生全面成长成才。学院经过多年的实践与探索,形成了特色明显、机制清晰、内容完整的本科生导师制育人模式。

一、找准抓手,组建新苗工作室

各系依托现有学科积累系统设计,广泛发动教师成立各类新苗工作室。工作室将本科生作为培养对象,在精准分类的前提下,确定培养目标,制订培养计划,设置工作岗位,明晰工作内容、工作职责、工作时间和劳务津贴,按照不跨专业、双方自愿的原则选拔和匹配。各系教师以本科生导师的身份对本科生进行不少于一学年的指导,进行有明确发展方向的精英化培养。工作室类型如下。

(1)学术科研类。让学生能够参与科研项目,提高学生的学术素养,积累科研经验,鼓励引导学生积极申报各级各类科研项目,撰写并发表学术论文。

(2)双创竞赛类。引导学生积极申报省级及以上级别创新创业项目,并不断培育优秀项目参加"互联网+""挑战杯"及数学建模竞赛等全国性比赛;指导学生参加国内外顶尖专业赛事,不断提高学生综合运用专业知识的能力。

(3)职业素养类。强化提升学生职业素养,帮助学生进行职业生涯规划,指导学生参加校外实习或校内实践,有针对性地鼓励学生考取专业相关高质量证书。

(4)考研升学类。进行考研咨询、专业课学习指导、考研复习计划的制订、考研过程心态的调整等,帮助学生顺利升学。

(5)出国留学类。进行留学咨询,提供择校、语言学习、申请材料撰写等留学相关指导,帮助学生申请到满意的海外学校。

（6）公考指导类。进行公考咨询,提供选岗指导,督促笔试备考,指导申论写作,进行模拟面试,帮助学生顺利录取。

二、厘清职责,明确界定导师职责

加强对学生的分层分类指导和因材施教。从 2019 年起,管理学院全面推行贯穿本科教育的全程导师制,并且出台了《全日制本科生导师制管理办法》,明确导师的主要职责和任职条件以及导师的聘任、管理与考核办法,精准界定了导师职责,尽可能规避本科生导师与辅导员、班主任的职能重叠。根据学生需求和学科专业发展,导师负责提升学生的专业认同度,激发学生的探索欲、求知欲,帮助学生完成从应试学习到自主学习的转变。导师在指导学生学业过程中也嵌入思政元素,将价值观塑造寓于能力培养和知识传授之中,以期达到润物无声的育人效果。

本科生导师实行聘任制,各系根据任职资格要求列出可供选择的导师名单,然后组织导师与学生进行双向选择,最终确定出聘任的导师以及学生名单。为保证指导质量,对每位导师指导学生数量按年级进行限制,导师对学生进行面对面指导,按照导师工作室培养目标对学生进行精英化培养,让学生有成长、有收获、有成绩。例如,学术科研类的导师要作为本科生的科研"点灯人",引导学生关注学科专业的前沿动态,指导学生参与课题讨论,拓展国际视野,提升专业素养,掌握科学研究方法,加强对学生的学术引领,提升学生的科学素养和科研能力;双创竞赛类的导师要指导学生参加学科竞赛和科技立项,培养创新意识和思维,引导学生积极参与创新创业活动,强化科技创新和实践能力,并引领其开展创新创业实践。学院在给予学生自主挑选导师权利的同时,允许学生在学习中基于自身兴趣和发展方向的变化,二次选择更适合自己的导师,使学生在导师制中增强获得感并提高认同度。

三、强化认同,构建导师激励制度

管理学院成立了新苗工作室工作小组,组长为分管本科生教学和学生工作的副院长,各系主任、教学秘书、学生工作办公室主任为成员,构建具有针对性的能够促进师生互利共赢的激励方式。学院每学年对导师工作进行考核,根据考核的结果认定教师工作量。导师考核的范围包括与学生见面指导次数、指导时长、学生取得的成绩、学生满意度等方面。根据导师工作室类型的不同,加分项包括但不限于以下类型:发表学术论文、获得国家级创新创业(含学科竞赛)奖项、考取高质量证书、获聘高层次企业、出国留学、考研升学、考取公务员等。

此外,学院将本科生导师制与其他各项学业辅助制度有机结合,避免发生制度上的重叠,在"减负"中凸显本科生导师"自留地"本色。举办"三全育人"表彰大会,评选科研育人先进模范教师等。通过全院大会、官方媒体等途径宣传优秀本科生导师事迹,激励教师加强自身修养,投入足够的时间精力对学生传道解惑,融德行与学问为一体,在言传身教中感染学生。将学生参与科研项目的情况纳入本科生素质综合测评加分项中,全面激发学生参与科研活动的认同感和获得感。

四、凝聚合力,共建协同育人体系

"三全育人"的核心在于构筑协同互助、全员参与、职责明晰的育人体系。目前,国内诸多高校存在内部育人主体过多、主体之间育人边界模糊的问题,大部分育人主体仅从自身职责视角推进工作,缺乏多主体间的协同互助,无法有效激活协同育人潜力,影响了本科生导师制作用的发挥。由此,管理学院积极推进系所、部门和师生协同,打造全主体协同育人体系,形成育人合力。其中,系所协同是指通过党政联席会、全院大会等推动新苗工作室等工作的开展,在各系所之间、全院教职工之间形成共识,充分调动各系所在导师工作室成立、运行、监督等环节的能动作用;部门协同是指学生工作办公室作为工作指导部门,发挥与教学部门、团委、学生职业发展中心、党务工作办公室等部门的协同作用,精心策划科研训练、专业学科竞赛、创新创业、社团以及社会调查、志愿服务、公益劳动等活动,促进育人环节的互融互通,实现知识传授、能力培养和价值塑造的有机统一;师生协同是指明确辅导员以及各类就业团队、社团、学生党员、班团骨干等支撑团队在学生不同成长阶段的学业、生活和思想等方面的责任分工,营造朋辈辅导的良好氛围,与本科生导师工作相辅相成,形成促进学生健康成长和全面发展的育人共同体。

五、成效显著,育人成果丰硕

自 2019 年 6 月本科生导师制实施以来,学院先后选拔培育了 4 批共 233 名本科生"科研小助手"。在导师们的悉心指导下,学生的自我发展能力和自主意识明显增强,在提升科研能力、创新创业能力的同时,育人活动丰富多彩,师生联系更加紧密,学生满意度与获得感明显提高,对学院学科建设及人才培养认同度显著提升。2022 届推免生申请本校读研人数增长 1 倍,发表论文数提升了 4 倍,其中旅游管理专业本科生王湉在《旅游科学》(CSSCI 收录)杂志发表论文,张潇、陈佩瑶、孙小倩等多名学生被清华大学、北京大学等名校录取。学院创新创业赛事参与人次提高近 4 成,项目数增加 2 倍多,获奖团队数按照 15%的比例逐年提升,创业实践项目数提高了80%,揽获"互联网+"大赛等 28 项国家级奖项。本科生导师制已成为学院科研育人工作的重要品牌项目。

管理育人:"三全育人"视域下辅导员队伍建设探索实践

——以中国海洋大学管理学院为例

高校辅导员是开展大学生思想政治教育、落实立德树人根本任务、培养高素质人才的重要力量,在学生成长成才的过程中发挥着重要作用。为持续强化专职辅导员队伍的专业化建设,学院凝练形成辅导员公约体系,凝聚全员投入"三全育人"改革工作的思想共识,增强思政工作专门队伍的战斗力和凝聚力。为科学、合理地对辅导员工作进行考核,发挥考核对辅导员履职情况的激励和导向作用,学院通过制定岗位说明书、绩效考核办法和标准化工作手册,定期组织"开讲吧,导员"培训,系统学习辅导员优秀工作案例等内容,针对不同工作模块打造"一人一品"辅导员工作品牌项目,逐步引导团队提升业务水平。

一、工作背景

自 2017 年 9 月教育部颁布实施《普通高等学校辅导员队伍建设规定》至今,如何建设一支高素质辅导员队伍已成为高校思想政治工作的重中之重。随着教育改革的不断深入和蓬勃发展,近几年各高校在适应新形势的基础上,结合自身特点采用了相应的工作举措,高校辅导员队伍建设日趋合理化和科学化,开创了管理育人的新局面。

同时,我们也应看到,辅导员队伍建设仍存在角色定位不准确、整体质量不高、培训环节薄弱等问题,给辅导员队伍建设质量和思想政治工作实效提升造成了阻力。部分辅导员把精力更多地放到了日常事务性工作上,忽视了学生思想道德素质和心理素质的提高,导致管理与育人相分离,在一定程度上影响了育人合力的形成。

中国海洋大学管理学院探索制定标准化工作手册以提高辅导员队伍的素质、能力,建立健全辅导员绩效考核与激励机制,促进辅导员队伍长期稳定发展,凝聚辅导员达成思想共识,全身心投入"三全育人"综合改革工作。

二、"三全育人"改革背景下辅导员队伍建设举措

高校辅导员是开展大学生思想政治教育的骨干力量,是高校影响学生思想及行为的关键人。因此,辅导员应紧跟高等教育发展步伐,不断提高自身综合素质,做学生成长成才的引路人和指导者。

(一)形成辅导员公约体系,凝聚全员投入改革工作

学院辅导员团队经过不断探索,形成"以学生发展为中心、以奋斗者为本、坚持自我批判、持续追求卓越"为主要内容的《管理学院辅导员公约》,以自身精神形象和人格魅力影响、感染学生,赢得学生信赖和尊重。

1. 以学生发展为中心

以学生发展而非学生需要作为辅导员工作的出发点和落脚点,辅导员应熟悉、了解每一位学生的基本情况,进宿舍、进课堂,定期与学生谈心谈话,持续关注特殊学生的需求。同时,结合学生特点因材施教,引导和帮助学生制定合理的学业与职业生涯规划,助力学生成长成才。结合所带专业特色,主动参与搭建学生专业实践平台,推动第一课堂与第二课堂融合,努力培养具有企业家精神的创新管理人才。在学生日常教育、管理、服务工作中,对待学生既要严管也要厚爱,持续提供高效、暖心、便捷的"管·家"服务。

2. 以奋斗者为本

辅导员应做到不忘立德树人初心使命,秉承"至深至情陪伴学生、入脑入心助力梦想、求精求专科学指导"的工作思路,不断提升自身政治素养。以团队工作思维积极主动开展工作,与所在团队成员互相补位,养成每项工作形成闭环的习惯,做到有布置、有反馈。结合辅导员团队的绩效考核和末位勉励制度,始终把提升育人效果作为专业化、职业化的出发点和着力点,充分激发自身工作的主动性和创造力。

3. 坚持自我批判

辅导员要勇于打破思维定式,敢于质疑既有方法,不断改进工作路径,服务学生成长,提升育人实效。坚持目标导向和问题导向,做到勤学敏思、戒骄戒躁,扎实开展工作,并在工作过程中持续反思不足,开展自我批判。工作要求精求专,善于解决问题,针对新情况、新问题要迅速反应、大胆假设、小心求证,不断完善工作方法。

4. 持续追求卓越

辅导员要主动学习,拓展思路,创新理论成果,做专业化、职业化的"行家里手"。与所在团队共同奋斗,致力于形成在国内具有较高声誉和影响力的学生工作团队,形成若干在国内高校思政领域可复制、易推广的模式和经验。

(二)制定标准化工作手册,坚持纵向带专业,强化带班成效

辅导员要对自身角色有清晰的认知与定位,才能有效发挥自身职能,从而不断进步和发展。面对繁杂且事无巨细的工作,辅导员要将日常教育管理事务规范化、科学化,精准解决学生实际需求。

1. 明晰岗位设置及横向模块分工

为帮助辅导员找准角色定位,确保辅导员队伍的先进性,管理学院党委确定辅导员岗位设置与工作边界,做到科学管理、准确定位、明晰责任,让辅导员有充足的时间专注于研究和把握学生工作规律、提升理论水平和综合素质。

根据管理学院学生工作岗位架构调整,成立学院学生工作办公室、党务工作办公室、团委、学生职业发展中心四个职能部门,按照部门及岗位明确职级及岗位名称、岗位职责,让每一位辅导员充分明晰各自岗位的工作内容、横向模块工作与纵向带班工作分工。

2. 日常教育管理及纵向带班工作标准清晰

辅导员是学生成长成才的关键育人主体。学院针对辅导员纵向带班工作设计了专业性、系统性的工作要求,并通过开展培训会、专题研讨会使辅

导员带班工作专业化,促进班团管理标准化,探索"党团班舍"一体化。

（1）带班工作专业化。学院制定并持续完善《辅导员带班工作明白纸》,按每日、每周到每学期的频率明晰带班要求,建立带班工作及重点人员台账,每周抽查带班工作落实情况,每两周沟通带班工作进展,每月进行"开讲吧,导员"带班技能培训会、专题研讨会,把班级表现作为评价辅导员的重要内容。制定《管理学院辅导员专业素养提升培训列表》并持续开展专职辅导员培训活动,不断提升辅导员专业素养。实现学生对辅导员带班的满意度达到97.2%,学生获国家级奖项数同比提升了46.8%。

（2）班团管理标准化。在明晰带班工作内容及督促落实的基础上,班级日常管理及运行保障也需跟上。通过制定并细化班级（团支部）绩效考核办法、班团骨干管理办法,将班级绩效考核结果与班团骨干素质测评加分挂钩,激发班团骨干内生活力。按月系统设计主题班会与主题团日,规范每项议题流程及要求,每月底进行考核,高标准落实主题教育。完善学生骨干例会制度,各模块负责老师每月培训,解决学生骨干角色意识不强、不履职问题,学生班委履职的满意度为96.9%。每个班级（团支部）落实创新立项工作,通过将"五育并举"与专业特色有效结合,实现"一班一品",有效增强班级（团支部）的吸引力与凝聚力。

（3）"党团班舍"一体化。为推动辅导员带班工作与模块工作系统化、整体化联动,通过党员骨干、团支委、班委、舍长岗位一体化、工作一体化、评价一体化,建成"党团班舍"四级联动机制。（高年级）班委均为党员,所有舍长即团小组组长均由党员或入党积极分子担任,每名班委对接2～3名舍长,确保传递好、落实好、反馈好党支部、团支部、班级各项工作,将一体化机制高效覆盖每一名学生。由党员及班委牵头成立专业学习、社会实践、志愿服务等多个党员责任工作小组,积极探索如何发挥班级育人平台的最大效用。细化党员、入党积极分子、团员及群众量化考评体系,将日常表现与班级评奖评先、团支部推优入党、党员履职尽责考评相结合。

通过带班工作专业化、班团管理标准化、"党团班舍"一体化,将学生工作办公室、党务工作办公室、团委、学生职业发展中心四个部门的工作有机联动落实,促进辅导员模块工作与带班工作专业水平逐步提升。

（三）完善考核与激励机制，充分调动专职辅导员的工作积极性和创造性

不断完善的保障激励制度是增强辅导员队伍职业认同度、形成长效工作体系、促进辅导员队伍建设不断向前发展的有利支撑。

1. 多层面、多维度科学开展绩效考核

为进一步促进学院辅导员队伍专业化、职业化建设，激励和促进辅导员认真履行岗位职责，充分调动专职辅导员的工作积极性和创造性，使专职辅导员紧紧围绕学校、学院的人才培养目标，积极主动开展工作，学院结合实际情况制定《管理学院专职辅导员绩效考核办法》《管理学院专职辅导员绩效考核细则》，采取自评和他评、定性和定量等多层面、多维度的考核方式，科学开展绩效考核，在严格管理的基础上，建立了相关激励机制。

2. 完善辅导员发展支持体系

通过打造全方位的辅导员发展支持体系，让辅导员发展路径更为明晰，帮助辅导员做好个人规划。结合工作实际，从定量、定性两个维度及改革台账、带班工作、团队评价和学生评价四个方面进行辅导员绩效考核。考核按照月度考查与学期末考核相结合的方式进行；月度考查每学期共五次；学期末考核一年两次，每学期一次。考核结果分为优秀、合格、基本合格和不合格四个等级。通过对考核总分进行排序，考核结果为院级优秀的辅导员可获得学院优秀辅导员年底津贴及奖励，学院在"'伴·铸人'三全育人"表彰大会上授予"优秀辅导员"荣誉称号，并在各类评优评奖及外派学习项目中优先推荐。

三、辅导员队伍建设成效

通过工作模块引导打造"一人一品"，"多品合一"形成学院育人品牌，培育并鼓励辅导员参与省级以上工作案例评比、素质能力大赛、省级研究课题及发表核心期刊论文等，辅导员专业化程度持续提升，辅导员队伍建设成效突出。

管理学院辅导员共主持参与课题12项，发表论文3篇。乔宝刚主持的

"三全育人"改革成果获评山东省教学成果二等奖,是山东省8个改革试点中唯一的获奖单位。乔宝刚作为第二参与人获得山东省教学成果二等奖1项,个人获评全国思想政治工作优秀案例,主持2022年度教育部高校思想政治工作精品项目(全国共100项)。王晓撰写授课案例获评山东省高校优秀共享课程二等奖,作为参与人获评山东省教学成果一等奖1项,主持的课题获评教育部产学合作协同育人项目。学院健美操队的刘笑笑获得山东省第十二届全民健身运动会"优秀教练员"称号。

文化育人：以德智体美劳全面发展为导向的高校人才培养模式创新研究

一、背景简介

为促进"五育并举"工作立长远、可持续、成体系，提高学生对第二课堂活动的参与度与积极性，中国海洋大学管理学院坚持以习近平新时代中国特色社会主义思想为指导，全面贯彻新时代党对加强和改进共青团思想政治引领工作的重要指示精神，积极探索新时代德智体美劳教育建设路径，研究设计《"固本弘文，五育并举"四年一体化育人方案》，将五育贯穿学生综合素质培养的始终，着力培育敢闯会创、全面发展的时代新人。

二、德智体美劳导向下的学生综合素养培育工程

（一）构建"五育并举"体系，促进学生全面发展

为解决学生参与第二课堂活动不积极的问题，学院根据《深化新时代教育评价改革总体方案》，启动"固本弘文，五育并举"学生综合素养培育工程，制订分层分类一体化人才培养方案，设置德智体美劳五大模块。每个模块均设置必修和选修内容，为学生积极参与校园文化活动指引方向，参与教育情况纳入素质综合测评，全面调动学生参与校园文化活动的积极性。目前，"固本弘文，五育并举"方案已在学院全面覆盖，全部学生修满必修学时。

（二）记录"第二课堂成绩单"，关注学生多元成长

为解决学生参与第二课堂难以记录、参与活动类别不均衡的问题，学院以培育核心价值观为目标，按照德智体美劳五大模块设计"第二课堂成绩单"，为学生全面发展提供方向指引，记录学生多元成长全过程，连同"第一

课堂成绩单",形成学院人才培养评估、学生综合素质评价、企业单位选人用人的重要参考依据。

（三）推进团学活动项目化，着力打造育人"金课"

为不断提升五育活动质量，学院构建团学活动项目库，一项活动如同一门课程，制定教学大纲，在知识、能力、价值观和思政方面明确活动育人目标，规范活动举办流程，形成可复制、易推广的活动举办模式，着力打造"践商研学""明职顾问"等高质量第二课堂活动品牌，最大限度满足学生第二课堂发展需求。学生对"固本弘文，五育并举"活动的满意度为92.1%。

三、以德智体美劳全面发展为导向的人才培养策略及成效

（一）固本明德，涵养品格

学院启动"星火燎原"习近平新时代中国特色社会主义思想大学习领航工程（简称"星火燎原"工程），推动青年学生实现对习近平新时代中国特色社会主义思想的真懂真信、入脑入心、活学活用。联合海鸥剧社编创推出红色扶贫舞台剧《心系山海皆可平》，该剧以红旗智援博士团为代表的中国海洋大学青年学子爱国力行、智援扶贫事迹为创作蓝本，生动展现了在党的坚强领导下，中国海洋大学师生学以砺能、研以致用、凝心聚力、攻坚克难助力国家级贫困县云南绿春、红色革命老区山东乐陵脱贫发展的故事。该剧作为滇西边区文化振兴、冀鲁边革命精神传承弘扬的重要举措，于《中国青年报》网络平台进行云展播，网络累计浏览量120万余次，成功入选全国高校思想政治工作网《百年珍贵记忆——全国高校庆祝中国共产党成立100周年原创精品档案》，被"全国高校党史学习教育工作成果展"的"创新宣讲"板块展示。

（二）强体筑梦，文明精神

学院联合青岛市体育局积极开展"强体筑梦"全民健身活动，组建荧光夜跑团、刘畊宏跟练运动团、中国舞爵士舞课堂、篮球足球运动团等共12个，为不同年级、兴趣各异的管理学子提供多样化的成长成才平台，形成"处处可健身、天天想健身、人人会健身"的良好氛围。学院与体育系从

2020年起协同探索新时代体育育人新路径,通过培育特色体育社团,尝试"校队院办"的形式,为学生的兴趣发展搭建丰富开阔的舞台。组建"海漾"健美操队,累计斩获山东省第十六届大学生运动会健美操比赛甲组竞技五人操第二名、女子单人操第七名、团体奖和体育道德风尚奖等多个重量级奖项。

(三)锤炼本领,增长才干

开展"吾爱吾校·我为校园添一抹绿"义务植树活动,教授学生种植技能,增强爱校意识。组织茶园种植活动,引导学生参与茶叶播种、施肥、修剪、防虫、收获的全过程,将地域特色和文化传承融入劳动教育,打造鲜活生动的劳动教育实践,引领大学生在培育劳动成果的过程中感悟生命魅力,滋润心灵。举办"敞开唠"师生交流活动,与学生面对面探讨宿舍卫生清洁、垃圾下楼的合理化建议和可行性方案,组织学生开展宿舍卫生清扫、宿舍卫生自查自纠活动,制定宿舍公约,营造良好生活环境。联合学校后勤保障处、控股公司,设立餐厅、超市、财务等10余类劳动教育公益岗,累计吸引478名学生报名参与,超过98%的学生认为自身劳动技能得到明显提升,满足了疫情防控背景下学生不出校门开展专业实践的需求。

四、高校人才培养模式可推广经验

(一)坚持育人为本,促进全面发展

将思政教育与共青团日常工作相结合,精心设计主题团日活动、"致远领航"学生骨干培训班、每周师生面对面等,实现思政教育全覆盖;将思政教育与五育并举相结合,举办百年党史红歌会、爱国电影放映室、"强体筑梦"全民健身运动、"慧生活"劳动教育公益岗等活动,用青年学生喜闻乐见的方式,讲好思政故事,厚植家国情怀,培育德智体美劳全面发展的社会主义建设者和接班人。目前已实现全体学生参与五育活动,超过98%的学生认为自身五育素养在活动中得到明显提升。

(二)坚持标准引领,确保科学规范

科学制订四年一贯制人才培养方案,健全人才培养质量标准,研究制定

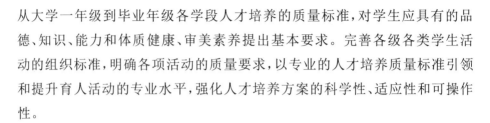

从大学一年级到毕业年级各学段人才培养的质量标准,对学生应具有的品德、知识、能力和体质健康、审美素养提出基本要求。完善各级各类学生活动的组织标准,明确各项活动的质量要求,以专业的人才培养质量标准引领和提升育人活动的专业水平,强化人才培养方案的科学性、适应性和可操作性。

(三)坚持专业特色,培育家国情怀

充分发挥科教综合优势,大力开展志愿服务活动,服务经济社会发展。新冠疫情暴发后,原国家级贫困县云南绿春农产品出现严重滞销,管理学院举办专业赛事,引导市场营销、电子商务和旅游管理专业学生以"互联网+"思维发挥专业所长,帮扶绿春县缓解因疫情产生的农产品滞销及旅游人数锐减等压力。青年学子的帮扶故事被《人民日报》、新华社等主流媒体报道。学生参与专业实践的人数和成效稳步提升,扎根中国大地了解国情民情,在实践中增长智慧才干,在奋斗中锤炼意志品质。

网络育人:"星火燎原"工程
统领新时期团员青年思想政治引领工作

——大学生网络育人工作案例

一、工作背景

回顾党领导下中国青年运动的百年历程,中国共产主义青年团团结带领一代代青年在新民主主义革命时期、社会主义革命和建设时期、改革开放和社会主义现代化建设新时期、中国特色社会主义新时代冲锋在前、奋勇担当,做出了重要的历史贡献,谱写了一曲曲与人民同命运、与祖国共奋进的青春之歌。站在新的历史时期和学校新一轮"双一流"建设新阶段,共青团只有始终坚持党的领导、注重思想建团、聚焦中心大局、保持先进本质、发挥组织优势、锐意改革创新、全面从严治团,才能不断展现价值,走向未来。深入学习贯彻党的二十大精神和习近平新时代中国特色社会主义思想,是共青团的重大任务。在此背景下,中国海洋大学管理学院团委实施的"星火燎原"习近平新时代中国特色社会主义思想大学习领航工程(简称"星火燎原"工程),是全面落实党的教育方针,坚持为党育人、为国育才的重要举措,是新时期开展团员青年思想政治引领工作的应有之意,是贯彻"工作到支部,全团抓落实"的工作要求,是深化"青年大学习"行动的有益尝试。

二、解决的主要问题

"星火燎原"工程通过在学生社区搭建起坚强有力、运行顺畅的基层团组织工作格局,形成全员、全过程、全方位的社区思政引领工作机制,发挥共青团在组织育人、实践育人和网络育人方面的功能和优势,全面落实党的教育方针,彰显共青团政治本色,深化"一站式"社区建设行动。

学院以党的二十大精神和习近平新时代中国特色社会主义思想为主要内容,以深化"学习强国"平台学习和"青年大学习"行动为主要出发点,以"党团班舍"一体化设计中中国共产主义青年团作用的发挥为重点,以"一站式"社区建设为基本工作场景,开展"星火燎原"工程,通过学习、思考、研讨、实践过程,着力解决为什么学、学什么、怎么学和用在哪儿的问题,帮助广大青年成长为有理想、敢担当、能吃苦、肯奋斗的新时代好青年。

三、工作思路

学习是立身做人的永恒主题,也是报国为民的重要基础。重视学习、善于学习一直是我们党的优良传统,是中华民族的优秀品格。习近平总书记指出,青年人正处于学习的黄金时期,应该把学习作为首要任务,作为一种责任、一种精神追求、一种生活方式。

在不断探索中,学院逐渐摸索出"三三制"工作模式,即明确三个目标路径、实施三项工作计划、支委三力协同,聚焦社区功能型团支部组织力、引领力、服务力建设。

项目通过制度化、规范化建设,实施社区功能型团支部建设计划,支部层面以团支部书记主抓组织力建设,落实思政学习"责任";通过系统性、相关性内容设计,实施"红心向党,星火燎原"网上主题团课计划,支部层面以宣传委员主抓引领力建设,引导思政教育的"精神追求";通过项目化、精细化过程管理,实施"十百千"实践育人计划,塑造"红旗智援"实践育人品牌,支部层面以组织委员主抓服务力建设,实现思政实践融入"生活方式"。

四、工作举措与成效

(一)聚焦组织力:通过制度化、规范化建设,落实思政学习"责任"

通过线上线下相结合的方式开展日常思政教育,设计制作"红心向党,星火燎原"网上主题团课,用准确、生动、丰富的引领性强、相关性强的线上内容进行系统化、规范化的思政学习。团课内容设计包含第一议题传达、党史学习教育、管理青年力量、文明礼仪引导、星火学习问答、学习感悟交流六大板块,将党和国家对青年的最新指示要求细分、揉碎,巧用党史视频、图书原著、新闻报道等内容,以青年听得进、学得懂、记得住的方式方法,打通青年理论武装的"最后一公里"。选取典型学生分享实践事迹,交流学习感悟,用朋辈口说国家事,让学习教育"活"起来、让收获感悟"动"起来。培育"星火"领学员团队,选拔优秀党员参与网上主题团课内容设计与发布工作,助力学院思政理论学习宣讲、书籍精读领读等内容,成为思想政治学习的"排头兵"和"先锋队"。不断健全组织网络,加强"党团班舍"一体化建设,制订《管理学院功能型团支部建设方案》,在社区、社团实行支部引领思政学习全覆盖,理论学习研讨直接抓到团小组,通过日常督导、评优考核等制度化、规范化的方式落实思政学习的"责任"。

截至目前,团员学习完成率达100%,"青年大学习"年度完成率达98.91%(在册团员),学生感悟分享9178篇。"星火"领学员团队成员获大学生讲思政课大赛省级三等奖、经典研读大赛校级一等奖等荣誉。

（二）聚焦引领力:通过系统性、相关性内容设计,引导思政教育的"精神追求"

学习贵在自觉,难在坚持,重在求是。"广大青年要多读有字之书,多读无字之书,注重学习人生经验和社会知识",用青年喜闻乐见、易于接受的形式开展思想政治引领工作。

学院发挥共青团的优势和特点,注重思想引领的实践环节和参与体验过程,精心打造"星火燎原"精品思政系列教育活动项目,以五育并举为基本思路主线,做好"团委—团支部—团小组—团员"四维联动,设计开展主题团日活动、"致远领航"学生骨干培训班、每周师生面对面、百年党史红歌会、爱国电影放映室、"强体筑梦"全民健身、"慧生活"劳动教育公益岗、"润心苗圃"生命教育等点线面结合的活动,用青年学生喜闻乐见的方式,讲好思政故事,厚植家国情怀。学院已实现全体本科生参与五育活动,超过98%的学生认为自身五育素养在活动中得到明显提升。

（三）聚焦服务力：通过项目化、精细化过程管理，实现思政实践融入"生活方式"

学用结合，重点要将专业所学与时代使命、党和国家的需求相结合。学院积极响应乡村振兴战略号召，推行实践育人"十百千"计划。发起"红旗智援"校内外专业实践活动，以团小组为基本单位，结合十大方向，引导团员青年在学科竞赛、创新创业实践、"三下乡"社会实践、学术专业实践、"大学生社区服务计划"品牌志愿服务等方面，将专业所学与时代使命、党和国家的需求相结合，立项开展实践工作，引导学生把论文写在祖国大地上。

在校内，通过"三下乡""大学生社区服务计划"等活动平台促进思政教育和专业教育相结合，举办"践商研学"四大专业赛事，四系牵头，团委承办，政企协同，以社会实际需求为题目，引领学生扎根中国大地了解国情民情，在实践中增长智慧才干，在奋斗中锤炼意志品质。三年来，四大专业赛事累计吸引来自全国 150 所高校的 6500 余名青年学生参赛，累计助销农产品 125 万余元。在校外，依托"红旗智援"社会实践品牌，把强化思想引领、提升实践能力与弘扬革命精神、服务地方发展深度融合，不断完善以党建为引领、以产学研转化为手段、以青年志愿实践为路径、以红色文化宣讲为传播载体的"党建＋扶贫"新模式。2017 年至今，开展"红旗智援"社会实践活动 200 余次，2000 余人次参与。中国海洋大学红旗智援博士团先后面向 7 个贫困地区累计开展了 36 万小时的智力帮扶，在全国 13 个省份开展了 120 余场红色文化宣讲，协助建立农业合作社 107 个，共同帮助 503 户贫困户、1131 名贫困人员成功脱贫。

实践育人:扎根沃土坚持知行合一,肩负使命传承红色基因

——中国海洋大学红旗智援博士团乡村振兴工作案例

一、工作背景

2016 年,刚入学的马贝在调研中发现,曾用小米供养革命胜利、素有"红色小延安"之称的德州乐陵竟然还有农户吃不饱、穿不暖的情况。作为农业经济管理专业的博士,他立志运用所学帮助老区改变现状。不久,马贝、陈琦和张莹三位博士党员再次奔赴乐陵,提出了成立"枣树集中管理专业合作社"的方案,被当地政府采纳。高校科研成果能在老区落地转化,这让他们认识到了自身的价值。当年,三位博士倡导成立红旗智援博士团,自主研发"多维贫困因子介入诊断术",挖掘贫困地区关键致贫因素,制订精准扶贫方案;同时,号召全国大学生依托高校智力优势,开展精准帮扶,将学术研究、成长发展置于国家富强、民族振兴、人民幸福的大格局中。

2017 年,中国海洋大学同意将党支部建在"创新团队"上,批准成立红旗智援博士团党支部(简称"博士团"),与扶贫地党组织进行"1+1 共建",把强化思想引领、提升实践能力与弘扬革命精神、服务地方发展深度融合。博士团不断完善以党建为引领、以产学研转化为手段、以青年志愿实践为路径、以红色宣讲为传播载体的"党建 + 扶贫"新模式。

二、典型做法

(一)学以致用,助力脱贫攻坚

博士团充分发挥高校智力资源优势,为红色革命老区制订脱贫方案。红色革命老区、山东省财政困难县临沂蒙阴是中国海洋大学的定点帮扶县,

当地盛产黄金桃。由于销售渠道单一、农户不善营销,桃子销量有限。博士团通过实地调研,联系了三支中国海洋大学科研团队提供技术支持,组织山东省商业实训大赛,吸引了48支高校团队,用一个月的时间帮助农户销售黄金桃7885斤,产生经济价值11.3万余元。黄金桃销量较农户自运营增长了3倍,极大提升了黄金桃的品牌知名度。

这样的事例还有很多。种植金丝小枣是山东乐陵的支柱产业,但种植人群老龄化、劳动力大量流失是制约产业发展的瓶颈问题。自2017年起,博士团协助乐陵朱集镇政府建立农业合作社107个,帮助503户贫困户、1131名贫困人员成功脱贫;搭建"市—镇—村"三级党组织联动电商培训体系,开展电商培训23次,培训电商专业人才120余人,发展200多家线上商家;帮扶当地龙头企业提升产品设计、拓展销售渠道,累积销售35万余斤枣产品,帮助枣农增收53万余元。

博士团还在临沂莒南建立茶产品营销网络,推动学校设立扶贫专项基金,打造莒南特色农产品电商营销品牌;为东营利津引入耐盐碱花鲈培育技术,帮助刁口乡花鲈养殖面积由112亩增长到260亩,全县形成每年2100万尾花鲈鱼育苗规模;在内蒙古乌兰布统,围绕特色民宿及旅游信息化建设,帮扶改善旅游发展现状,开发冬季旅游产品。

(二)抗疫扶贫,践行使命担当

2020年,新冠疫情突如其来,但未能阻挡博士团脱贫攻坚的步伐。原国家级贫困县云南绿春是教育部的定点帮扶县,种植产业条件优异,生态旅游资源丰富。博士团立足疫情实际,将扶贫工作从线下转到线上,在2020年2月底便开启了对绿春的线上"问诊",通过微商营销、抖音直播等方式为当地滞销农产品打开销路。

随后,博士团发起"践商研学,智援绿春"倡议,举办智营销大赛和旅游创意设计大赛,号召四川大学、厦门大学、重庆大学等全国70余所高校师生,通过微商营销等方式,累计为云南绿春销售了171万元的滞销农产品,旅游公益广告播放量达29.8万次。更多的青年学子投身到扶贫工作中,助力绿春全面打赢脱贫攻坚战。

同时,博士团整合校内资源,推动学校设立科研专项基金项目"云南绿春特色产品交易平台建设与精准营销策略设计""绿春县'十四五'旅游业发展规划",与营销、旅游专业的专家一起进行科技服务,为绿春开拓特色农产品营销渠道,规划文旅融合发展蓝图。

(三)红色宣讲,传承革命精神

在帮扶蒙阴的过程中,博士团成员对勇于创新的"桃"宝达人牛大姐十分钦佩,被一心为民的村支书王书记所感动,为只有初中学历却紧跟时代潮流的蒙阴电商李大叔所激励。从一个个鲜活的案例中,大家感受到的是吃苦耐劳、勇往直前、开拓奋进的沂蒙精神。在受到思想洗礼的同时,大家想把这种精神传递出去,让扶贫筑梦的种子在更多人心中生根发芽,带动全国青年学子投身扶贫实践。自 2017 年以来,博士团先后在全国 13 个省份进行红色宣讲 120 余场。

2020 年 12 月,博士团联系 34 所高校的 49 支博士团队成立"博士智援"高校联盟,引领更多高校党员和有志青年巩固拓展脱贫攻坚成果,推动全面脱贫与乡村振兴有效衔接,教育部发展规划司扶贫处对此给予高度评价。

三、实施成效

(一)师生满意度高、参与度广

博士团组织开展的智援乡村振兴实践受到广泛关注,智援形式丰富多样,内容新颖多彩,包含开展扶贫主题的商业实训大赛、搭建特色农副产品电商网络平台、对接引入水产养殖专业技术、推动乡村产业升级、实地调研规划特色农家乐经济模式、助力老区旅游升级转型等。"博士智援"微店顾客好评如潮。经过连续多年的实践,博士团共派出了 49 支项目团队,合计3066 名学生;归纳整理报告 32 万字,提出有效建议 19 条,扶贫专业实践参与增长率超过 100%。

(二)精准服务革命老区需求

博士团通过自主研发"多维贫困因子介入诊断术",充分考察老区关键致贫因素,结合老区实际需求,全面制订精准扶贫方案,形成专家教授指导、博士生牵头、硕士生与本科生共同参与的科研项目团队。团队成员通过走访政府、企业、农户,了解当地社会经济状况,发现问题并因地制宜地解决问题,高校、政府、企业、农户四位一体促进当地发展。通过建立社会实践基地、开展党支部合作共建、派出挂职研究生和科研团队、举办专业赛事等方式促进高校学生开展专业实践,促成多项高校科研项目落地转化,为国家打赢脱贫攻坚战贡献了青春力量。

(三)广泛获得社会各界认可

红旗智援博士团相关事迹累计在各类媒体平台刊发 134 篇,累计浏览量 213 万次。《人民日报》、新华社等多家社会媒体对博士团做了《这些农民不寻常,博士经常在身旁》等报道,新华社报道当日点击量超过 110 万次。云南绿春县副县长李批龙充分肯定了博士团的智援帮扶工作,他表示智营销大赛累计销售百余万元农产品,有效缓解了因疫情带来的农产品滞销问题,极大拓展了产品销售渠道,提升了品牌价值,绿春将把本次大赛的成果融入旅游业发展"十四五"规划中。

四、可推广经验

(一)创新高校"智力帮扶 + 实践育人"模式

博士团依托专业建设,以营销专业、旅游专业等人才培养改革为契机,推动形成思政引领、专业实践、智力援助支撑的实践育人模式,有效解决了高校思政教育与专业教育脱节的问题,积极引导专家学者参与扶贫,推动学校设立扶贫科研专项,推进学科发展和专业建设,提升科研育人水平。引导青年学子将小我融入大我,扎根祖国大地,坚持爱国力行,提高实践育人质量。

(二)成立创新创业团队党支部,发挥战斗堡垒作用

2017 年博士团党支部成立,与红色革命老区党支部进行支部"1+1 共建",围绕乡镇实际需求,对接科研团队开展精准扶贫。在服务国家脱贫攻坚战略中,切实发挥党员的先锋模范作用,增强带动性和引领性,提升基层党组织的组织力,有效解决高校思政教育入脑入心不深的问题。

（三）整合政企校资源，实现全方位育人

博士团积极对接当地政府共建研究生工作站和大学生实习实践基地，致力于打造高校优质人才与地方政府的桥梁纽带。通过联合举办"双招双引"洽谈会等，协助地方引进人才。通过建立实习实践基地、引进科研项目等方式，吸引更多的优秀知识分子到一线实践，了解基层、奉献基层，充分发挥各专业领域的人才和技术优势，为服务地方经济社会发展做出更大贡献。

服务育人:"管·家"赋能育人于"寓"

——教育部"三全育人"综改试点学院公寓育人实践

一、案例简介

中国海洋大学管理学院作为教育部首批"三全育人"综合改革试点学院,致力于将习近平新时代中国特色社会主义思想深刻融入学生的成长发展中。在全校推进"一站式"学生社区建设背景下,学院从 2019 年起探索将"三全育人"理念具体化指导公寓育人实践,党建引领"一竿子到底",学生沉浸"一揽子提效",资源倾斜"一条龙服务",逐步建成"党建引领、思政同行,管理到位、服务到家"的"管·家"公寓育人模式。

二、案例背景

"一站式"学生社区综合管理模式建设试点工作由王沪宁同志点题并纳入 2019 年高校党建重点推进的十项任务,列入《教育部等八部门关于加快构建高校思想政治工作体系的意见》中。建设"一站式"学生社区综合管理模式,是适应新形势新情况、加强高校党的建设和思想政治工作的重要体制机制创新。

中国海洋大学积极贯彻教育部"一站式"学生社区综合管理模式建设试点工作部署要求,立足学校基础和优势,主动探索建设体现思政要求、贴近学生实际的"一站式"学生社区综合管理模式。在全校推进"一站式"学生社区建设背景下,管理学院结合学科专业特色培育"思政进公寓"品牌项目,逐步建成"管·家"公寓育人模式,取得显著育人成效。

三、具体举措

（一）建立"三领三化"党建模式，全员公寓育人"动起来"

1. 党委统领标准化，紧扣主线强化育人"潜意识"

学院将践行"一线规则"作为中层述职考核内容，要求管理学院班子成员每学期深入公寓"三看望、两走访"，定点联系班级，与学生谈心谈话。制定教师育人工作考核办法，明确专任教师课下育人工作量底线要求，明晰公寓育人具体路径，工作完成情况与年终绩效和职称评定挂钩。

2. 支部携领制度化，紧盯主业发挥育人"高效能"

在公寓成立"管·家"党员工作站，专职辅导员驻楼任站长，构筑全覆盖的网格化管理体系，在疫情防控工作中能够发挥精准化优势。开展教师、学生、企业党支部"三结对"，每季度举办"公寓师说——专家学者进公寓""社区讲堂——企业高管进社区"活动。

3. 党员带领常态化，紧抓主责激发育人"源动力"

制定《伴·铸人奖励办法》，选树在公寓育人中涌现出的师生典型进行表彰。设置公寓"星芒"党员责任岗和"星海"入党积极分子示范岗，在公寓内开展新生适应性引导、困难生学业辅导、特殊学生心理疏导活动，形成"三导"帮扶机制。实行党员发展教育量化评价，入党需充分了解所在宿舍团小组的现实表现，学生对党员的满意度逐年攀升。

（二）制订"固本弘文"育人方案，全程公寓育人"连起来"

把公寓作为学生综合评价改革的试验区、破除"唯分数论"的实践场。学院制订"固本弘文，五育并举"四年一贯制培养方案，将"公寓育人"活动作为学生必修环节纳入素质综合测评体系，实现育人活动100%参与。

1. 立"德"为先，培根铸魂育新人

实行"党团班舍"一体化建设，将团小组建在宿舍，团小组组长即为宿舍长，在评优评先、推优入党等环节征求宿舍成员意见。开展"星火燎原"习近平新时代中国特色社会主义思想大学习领航工程，涵盖"第一议题"、典型引领、安全教育等内容，依照"团委—团支部—团小组网格"落实每周

学习情况,学习成效与团员评优和支部评星定级挂钩。

2. 启"智"为本,奋其智能力可为

让公寓成为学生参加专业赛事的备战地、进行双创实践的孵化器。学院把专业核心课的实践环节整合为"践商研学"四大专业赛事,公寓内不同年级、专业的学生自行组队参加,将实践调研资料带回"致用"研讨室、POKE 空间分析研究,专业教师和辅导员共同指导,实现专业和思政教育有效融合。

3. 筑"体"为基,强身健体创未来

开展"强体筑梦"体育行动,针对公寓和宿舍场景设立"全民运动""领航运动""趣味运动"三大板块。鼓励以宿舍为单位报名参加各类趣味赛事,引导学生参加运动兴趣小队。设置体育领航员,每周带领学生进行荧光夜跑、瑜伽、健身减脂等活动。

4. 以"美"润心,方圆可施强素养

举办"公寓文化月",涵盖宿舍美化、书画摄影、音乐节等主题活动,全体新生均参与"有幸相'寓',共筑'管•家'"宿舍文化节。建设"润心苗圃",辅导员带领学生种植蔬菜,分享人生经验,感受田园之美,感悟生命珍贵。

5. 以"劳"为荣,唯勤是岸塑英才

所有宿舍按照五育并举要求制定公约,帮助学生养成良好生活习惯,学院宿舍安全卫生检查成绩稳居学校第一。成立"慧生活"劳动教育工作室,设立公寓管理运维公益岗,引导学生崇尚劳动、热爱劳动,学生和教育单位满意度均为 100%。建设校内"耕读茶舍"劳动教育基地,学生参与茶园施肥、防虫、采摘全过程,在劳动教育中感受文化传承。

(三)拓展"3+"育人空间,全方位公寓育人"活起来"

1. "楼内+楼外"育人环境全要素优化,"服"与"育"相贯通

在公寓内建成"精业"自习室、"致用"研讨室和"育美"活动室并配备药箱、投影仪和健身器材等物资,让宿舍从功能单一的寝室变成了满足学生

成长需求的"家"。将公寓门厅打造成"管·家"文化展示区，在走廊墙壁上制作"管·家"印象宣传栏，营造积极氛围，强化爱校情感。秉承"让梦想破壳而生"的理念，多方融资建成POKE空间，让每一位学生都有人生出彩的舞台。

2. "网格化＋信息化"安全管理全环节覆盖，"管"与"育"相融合

形成"辅导员—楼长—层长—楼层组长—舍长"五级公寓网格化管理体系，确保责任到人、突发事件快速响应。开发"都挺好"日报系统，舍长每日上报室友归寝时间、身心状态等，班长、辅导员每日核查，真正实现安全管理"横向到边、纵向到底"。

3. "线上＋线下"生涯教育全链条开展，"教"与"育"相统一

精准化生涯教育进公寓，学生以宿舍为单位线上打卡学习学院开发的"明职顾问"慕课，在公寓内举办"职业价值探索"工作坊、"求职技能提升"个体咨询，"线上慕课＋线下实践"的混合式教学模式被"学习强国"平台报道。

四、实施成效

历经三年探索，"管·家"公寓育人模式成效显著。[①]

以生为本，育人意识明显增强。全院教师进公寓时长年增长50％以上，学院教师获"全国模范教师""山东省教书育人模范""最美教师"等荣誉称号。

以文化人，育人质量不断提升。"固本弘文，五育并举"培养方案修满学时学生达到100％，"海漾"健美操队获山东省大学生运动会亚军，学院参与双创实践人数提高46.3％。

以行践志，育人模式持续推广。"管·家"公寓育人模式于2022年4月获山东省"一站式"学生社区建设成果典型案例，2022年12月入选高校"一站式"学生社区风采展示活动优秀案例。

---

① 数据均为2021年与2018年比对。

五、可推广经验

1. 党建引领"一竿子到底"

构建"三领三化"党建模式,把党员工作站建在公寓里,把团小组建在宿舍里。明晰教师公寓育人具体路径和要求,凝聚朋辈力量完善帮扶机制。

2. 学生沉浸"一揽子提效"

坚持五育并举进公寓,制订"固本弘文,五育并举"四年一贯制培养方案,解决学生不主动参与育人活动的问题。重视学以致用,让公寓成为学生参加专业赛事的备战地、进行双创实践的孵化器,提升商科学生参与专业实践的比例。

3. 资源倾斜"一条龙服务"

室内室外优化育人环境,线上线下推进生涯教育。依托公寓阵地精准化开展职业发展教育,形成"线上慕课 + 线下实践"的混合式教学模式,形成可复制、可推广、可借鉴的"管·家"公寓育人方案。

资助育人：就业一人，脱贫一家

—— "职面困境"发展型资助育人工作模式的探索与实践

一、案例简介

为进一步落实立德树人根本任务，全面强化资助育人理念，中国海洋大学管理学院将保障型资助向发展型资助延伸，创新资助育人的新途径，探索资助育人的新模式。学院从2019年开始实施以扶贫为基础、以扶智为支撑、以扶志为核心、以生涯教育为载体、以德智体美劳五育并举为目标的"职面困境"发展型资助育人工作模式，全员、全过程、全方位帮扶学生提升职业素养，落实工作岗位，实现从输血到造血、从助人到铸人、从扶贫到扶志的转变，就业一人，脱贫一家，助力学子成长成才。

二、案例背景

家庭经济困难学生存在家庭层面的社会资本匮乏，并由于经济困难进一步制约了社会技能的发展和社会资本的开拓，在校表现总体呈现自信心相对不足、实践比赛活动参与较少、职业素养相对较低、求职困难等问题。在发展型资助理念的指导下，我们既要扶贫也要扶志。我们在帮助家庭经济困难学生解决经济压力的同时，引导困难生树立正确的生涯观，激发家庭经济困难学生内在的思想动力和心理潜能，让他们自主确定个人的发展方向，实现自助，达到"就业一人，脱贫一家"的目标。

管理学院结合学科专业特色，立足学院优势，不断挖掘学生需求，创新资助育人形式，逐步建成"职面困境"发展型资助育人工作模式。对家庭经济困难学生，在大一入学即对其进行职业生涯规划、职业素养提升、职业发展激励、就业指导"四步走"，帮助其顺利就业，进而带动实现学生原生家庭高质量脱贫，取得显著育人成效。

三、实施过程

(一)职业生涯规划,明晰发展目标

纵向根据不同年级学生的需求构建包括生涯规划、创新创业、就业能力和职业素养在内的衔接递进的知识体系,采取"线上慕课+线下实践"的混合式教学模式,帮助家庭经济困难学生明晰职业生涯目标和发展规划。

开放"明职顾问"国家精品课程群,由辅导员授课,实现学生全覆盖;针对学生的不同发展路径,在设计生涯模块,明晰每个路径不同阶段的成长诉求,让学生尽早树立正确的职业价值观;建设"明职录"生涯档案,学生瞄准职业目标持续学习实践,记录四年综合能力提升轨迹,为用人单位精准选拔人才提供依据。2020—2022年,学生职业发展教育课程满意度达99.2%,家庭经济困难学生自评职业素养提升率达45.3%,育人成效被《人民日报》和"学习强国"报道。

(二)职业素养提升,产教协同育人

职业素养提升贯穿始终。开展"固本弘文,五育并举"四年一体化培养,将每一个活动建设成一门金课,保障所有学生参与育人环节,根据家庭经济困难学生的职业发展方向与诉求,分类别举行职业素养提升"明职顾问"工作坊,减少家庭经济困难学生的信息差,帮助学生明晰职业兴趣,提高职业素养。将专业核心课的实践环节整合为"践商研学"四大专业赛事,从制度和平台搭建方面保证每一位学生都能近距离接触企业,依托专业研究企业运行,明晰成长目标。与海尔集团共建创新创业协同育人中心,为家庭经济困难学生与其他专业学生的交融互动搭建了平台;与海信集团共建产教融合创新基地,为实习学生一对一配备企业导师,解决低年级学生实习机会相对较少的问题;与澳柯玛、歌尔等企业建立实习实践合作,寒暑假为家庭经济困难学生提供与专业相关的实习机会,在满足其经济需求的同时提升专业实践能力。2020—2022年,共计开展了46期"职面困境"工作坊,家庭经济困难学生参与759人次。家庭经济困难学生实习实践率达95.4%,集体实习满意度达100%。

（三）职业发展激励，推动学生成长

优化评奖评优机制，通过职业发展激励推动学生成长。修订学生素质测评体系，将学生的成长情况和创新创业实践能力发展情况纳入考量范畴，在学校设立的海之子成长助学金、行远励志奖学金等基础上，学院设立"伴·铸人"等奖助学金体系和荣誉体系，鼓励学生参与社会实践、学业帮扶等各项活动，在活动和实践中，增强家庭经济困难学生"弱鸟先飞、滴水穿石"的韧性，提升学生的信心和积极性，激励学生成长。

（四）个体精准资助，一人一策帮扶

带班辅导员根据家庭经济困难学生的主要需求为其量身制定精准资助一人一策，并按照时间节点实施帮扶对策，对接相应资源。学院自筹经费成立学生职业发展中心，聘请专业人士全职针对家庭经济困难学生进行职业指导，开通线上微咨询，点对点解决家庭经济困难学生发展困惑。针对想要出国学习的学生，与新东方开展深度合作，每周定点提供一对一咨询服务，为有意向出国的家庭困难学生寻找合适途径。对想要考公的学生进行指导帮扶，设计学习方案，并减免学费。针对有科研兴趣的学生，学院的科研团队或项目招募本科生科研助手，设立新苗工作室，从二、三年级选拔学生参与科研。2020—2022年，家庭经济困难学生个体咨询510人次，家庭经济困难学生杨栋倩发表SCI一区论文（学院本科生中唯一）。

四、工作成效

历经三年探索，"职面困境"发展型资助育人工作模式成效显著。

以扶贫为基础，为学生提供物质保障。2022年共计给家庭经济困难学生发放奖助学金65.1万元，25.13%的家庭经济困难学生获评国家奖学金、国家励志奖学金等，17.3%的家庭经济困难学生获评"优秀学生"等荣誉称号；以扶智为支撑，提升学生综合能力。2022年家庭经济困难学生不及格率比全体学生不及格率低2.3%，实习实践率达到95.4%；以扶志为核心，激发学生内生动力。家庭经济困难学生的职业发展教育覆盖量达到100%，课程满意度达100%，就业率稳步提升，2020—2022年连续三年就业率达 100%。学院学生于 2021 年、2022 年连续两年获评"海之子·行远"优秀毕业生奖学金(全校仅 10 人)。

"职面困境"发展型资助模式在实现经济资助应助尽助的基础上,不断探索实施以学生综合能力提升为支撑的隐形帮助、以学生职业发展为导向的资助育人体系建设,就业一人,脱贫一家,充分彰显了资助育人工作的五育效能、高等教育的人文关怀与育人温度。

心理育人:筑牢公寓阵地,"管·家"全心护航

——构建特色化发展性心理健康教育模式

随着价值观多元化及社会竞争日渐激烈,大学生心理压力不断增大,由此而产生的心理健康问题也逐渐凸显。大学生心理健康问题越来越受到社会的广泛关注和高度重视。中国海洋大学管理学院认真学习贯彻习近平总书记关于教育的重要论述和全国教育大会精神,坚持把学生心理健康教育作为"三全育人"的重要内容,依托"管·家"心理工作站扎实做好心理育人工作,逐步探索形成了以"公寓育人"为载体,以打造特色化心理服务品牌为方向的发展性心理健康教育模式。

一、搭建平台,心理护航制度科学化

(一)建好公寓网格,展开全面筛查

学院充分依托学生公寓主要阵地,严格落实网格化管理。首先,进行全体学生心理测评和心理危机排查工作,过程中辅导员、班主任、研究生导师走访学生宿舍开展谈心谈话,确保能够深入了解学生日常真实表现。其次,充分发挥宿舍长在心理危机预防和发现中的积极作用,每晚通过"都挺好"系统上报室友的身心状态、网络舆情等需要关注的情况,共同制定并遵守宿舍公约,确保及时发现学生情绪变化,第一时间关心关注。

(二)健全工作机制,持续动态跟进

学院致力于打造一支学生想得起、找得到、信得过的朋辈心理互助队伍。在宿舍层面,宿舍长和"管·家"党员工作站的成员是信息报告与危机预警的主要力量;在班级层面,心理委员和其他班团骨干有效地将心理健康教育融于日常;在学院层面,主要学生干部、知心协会等开展丰富多彩的心理健康教育活动,并面向广大学生进行定期、持续、有效的心理健康知识宣

传普及。"管·家"党员工作站借助朋辈互助队伍落实网格化管理工作模式，形成对心理健康教育工作的有效支持。

（三）畅通沟通渠道，增强家校联动

学院通过制订《管理学院学生心理健康家校共育实施方案》，详细规定了家长和辅导员在家校共育过程中的工作职责、工作流程和工作要求。每学期常规开展家校沟通会和学生家访工作，帮助家长了解心理健康的重要性，树立心理健康危机意识，增强心理育人能力；同时有助于及时把学生的学习、生活等各方面的情况进行反馈，让学生家长充分了解学生在校的心理状况，共同形成跟进措施和解决方案。

二、专业赋能，心理教育活动常态化

（一）强化专业培训，形成有力支持

"管·家"党员工作站主要针对辅导员、班主任和导师、学生朋辈三支队伍开展系统培训。新任辅导员全员参加"心海领航"专题培训，每月组织"开讲吧，导员"系列活动，邀请心理咨询中心专业教师定期开展培训，提升辅导员心理帮扶技能。辅导员撰写的心理健康教育案例获得山东省"公寓的故事"工作案例一等奖。每学期班主任须参加专题培训会，对班主任的工作职责和要求进行专门培训，使班主任心理育人意识逐步增强，连续两年获评学院"心理育人模范"。在朋辈队伍层面，学院常态化开展全国高校心理委员认证培训、心理委员培训、知心协会培训等，持续加强队伍建设，宿舍长团队获学院"服务育人模范"称号。

（二）做好主题教育，营造良好氛围

学院常态化开展主题教育，宣传心理健康知识。首先，开展心理健康教育主题班会。学院每月发布心理健康教育主题，通过 PPT、视频、团辅游戏等多种形式，引导学生线下学习心理健康知识，帮助学生树立心理健康意识，正确看待心理健康疾病。其次，线上线下开展心理讲座。面向全体学生举办情绪管理讲座，以班级为单位观看《心海泛舟——防疫心氧吧》《新课堂·健康校园》等节目，发挥知识科普和活动宣传作用，强化学生关注自身

心理状态的意识。最后,举办丰富的活动。依托心理社团"知心协会",积极承办"妙语绘心"心理健康主题脱口秀大赛,常态化举办心理剧大赛院内选拔赛、"知心电台"系列心理健康教育广播栏目、"旗开得胜"心理健康知识竞赛等,指导学生作品获山东省高校心理健康教育月脱口秀大赛一等奖以及宣传海报二等奖等。

三、协同联动,心理服务品牌特色化

(一)"五育并举"进公寓——结合文化育人,激发个人潜能

学生公寓是加强心理健康教育的重要阵地,学院制订"固本弘文,五育并举"四年一贯制培养方案,在公寓内开展丰富的活动,将"公寓育人"活动作为学生必修环节纳入素质综合测评,实现育人活动100%参与,真正引导学生全面发展。

(二)"润心苗圃"进公寓——结合生命教育,感悟人生价值

学院多次组织种植、采茶、植树活动,鼓励同宿舍组队参加,引导学生积极参与,让学生在耕种、照料和收获的全过程中认识、感受和思考生命,并通过分析交流增进思考,认同自我生命价值。

(三)"明职顾问"进公寓——结合职业规划,树立发展目标

开展以职业发展教育为主的积极心理健康教育,从点、线、面三个维度切入,点上服务学生个体,时时解决学生疑惑,入驻宿舍开展线下个体咨询,对就业困难学生制定一人一策帮扶举措;线上服务学生群体,在宿舍开展"明职顾问"系列工作坊或训练营,面对面地帮助学生修改简历、培训面试技能等,明晰职业兴趣;线上服务全院学生,通过开展混合慕课教学,激发学生内生动力,帮助学生提升职业素养,真正实现"教育有爱,助力职业发展"。

管理育人:发挥脱贫攻坚精神狠抓本科学风建设

——以"扶苗行动"和"新苗计划"为例

优良学风作为治学之本关系到高等教育的成败,历来受到高校的重视。建设优良学风是培养学生良好品德的重要途径,是完成教学任务的根本保证。中国海洋大学管理学院在 2018 年有近 1/4 的本科生存在学业成绩不及格的情况,每学期学业警示人数有 20 余人。这些都是学生安全管理隐患,加强本科学风建设刻不容缓。

一、工作目标

2019 年 10 月,我担任学院党委副书记,在全院教工大会上做出承诺:学生工作团队要发扬脱贫攻坚精神,狠抓本科学风,用两年左右的时间把学业警示学生数量降到个位数、不及格率降到 10% 以下,不让学生因为学业困难退学。紧接着学院党政联席会通过"扶苗行动"和"新苗计划",教学和思政工作协同联动提升本科学风。

二、以精准帮扶为原则,着力推进"扶苗行动"

(一)制订"扶苗行动"工作方案

首先要摸清底数,不仅要摸清上学期有不及格情况的学生,还要发挥预判作用,将期中考试低于 70 分的学生纳入帮扶体系。经统计,每学期纳入帮扶名单的学生数约占本科生总数的 36%。根据学习态度、勤奋程度、自控力等方面,将学困生分为五类,针对每一类相应细化工作方法和关注频次,尤其是有针对性地做好家庭经济困难学生、转专业学生、体育特长生等群体的帮扶工作,不可一把钥匙开所有的锁,每一个动作都要注重实效。

（二）建设四支队伍，全员提升学风

帮扶方案定了，人就是最关键的因素。学院通过建章立制抓好四支队伍建设。

第一支是班主任队伍。厘清班主任工作职责，主抓学风和生涯指导，制订班主任六步工作法，要求每两周线上记录工作进度，工作痕迹汇总发各系主任、院党政一把手，由各系督促班主任开展工作，班级学风改进情况作为班主任年终业绩考核以及优秀班主任评价的关键因素。

第二支是辅导员队伍。辅导员要给班主任补好位，重点关注学生的心理动态，组织学习委员为学困生匹配朋辈导师，每周填写学困生跟进记录，不能出现"班主任顾不上、辅导员也不管"的情况。班级学业警示人数、不及格率等量化数据都纳入辅导员的年终考核指标。

第三支是学习委员队伍。他们是班级学风建设的推进者，由负责学风工作的辅导员专职带好这支队伍，细化学习委员的岗位职责，定期培训研讨。学习委员组织班级晚自习、学习交流会、考风考纪教育等，学风提升情况作为干部素质测评加分及入党量化考评的依据。

第四支是学业朋辈导师队伍。他们是学风建设的主力军，每一位朋导都是入党积极分子，要求主动与被帮扶学生沟通，解答学业疑问，分享学习经验，尤其是每周要带动被帮扶学生共同自习。

除了这四支队伍之外，还要加强家校共育。学生只要有不及格情况，一定要电话通知家长，共同找原因、想办法。

（三）点面结合，激发学生内生动力

扶苗要抓牢关键点，在管理学院这个关键点就是数学。2019年学院学生数学的不及格率达到24%，学业警示学生也大多是因数学不及格。我们试了很多办法，开展数学答疑会、模拟月考、微积分笔记大赛等活动，效果有一些但不足以解决这个问题，最笨但很有效的办法就是盯着学。在办学空间十分紧张的情况下，学院特批了一个专用教室，数学学困生天天来，每晚考勤，党员实时答疑，数学不及格率降低到12.5%。

在开展"扶苗行动"的过程中，我们一直有一个困惑：海大的学生生源质量是非常好的,除了极个别的学生外,不应该存在这么多学不会的情况,不是学习能力出问题了,而是学习习惯或者动力出问题了,因此要解决学习动力的问题。我们找到的路径就是通过生涯教育帮助学生尽早树立职业理想;通过赛事实践,了解行业,明晰职业方向,进而激发内生学习动力。

使用自主开发的"明职顾问"国家一流课程群,开展"线上慕课+线下实践"混合式教学,让生涯教育覆盖全体学生,同时针对不同发展路径的学生进行专项训练,对学生个体开展精准指导,让每一个学生尽早树立生涯目标。学校支持建设了"明职录"生涯档案,目前正在本科生中试点推行,学生瞄准职业目标持续学习实践,记录四年综合能力提升轨迹,为用人单位精准选拔人才提供依据。

学院辅导员带班是纵向带专业,这种做法不多见。这么做的工作量变大了,但也为探索与专业建设相融合的思政工作模式提供了前提。通过开展"固本弘文,五育并举"四年一体化培养,把专业核心课的实践环节整合为"践商研学"四大专业赛事,与教师共同开设"专业社会实践导论"课,从制度和平台搭建方面保证每一位学生都要近距离接触企业,依托专业研究企业运行,找到自己擅长的领域,使成长目标更清晰。

三、以个性成长为目标,实施"新苗计划"搭建成长平台

学生全面、自由、个性成长是学院一贯的追求。我们系统研究了很多知名大学的培养方案,发现学生工作在其中发挥了些许作用,但教学和思政"两张皮"的现象并没有实质变化。我们希望找到教学和思政融合的路径,为学生成长搭建平台。

(一)设立新苗工作室

针对学术性人才培养需求,学院要求扶持的科研团队或项目招募本科生科研助手,在项目中期及结项时量化说明对本科生进行科研育人的途径和成效。鼓励各位教师设立新苗工作室,从本科二、三年级选拔学生参与科研、发表文章,学院给予认定工作量。针对想要出国学习的学生,与新东方开展深度合作,每周定点提供一对一咨询服务,探索开展短期交流培训和国

际化人才培养。

（二）科教产协同打造教研育共同体

学院学生参与双创就是在进行专业实践，与海尔集团共建创新创业协同育人中心，开设"创程—创新创业管理微专业"，建成 POKE 众创空间，打造校园版海创汇，为管理学院的学生与其他专业学生的交融互动搭建了平台。与海信集团共建产教融合创新基地，共同制订工商管理人才培养方案，为实习学生一对一配备企业导师，协同培育面向未来的高级管理人才。这些合作，都是以高水平的科研和社会服务作为引领，把学生发展成长的诉求作为企业和高校共同的目标，科教产协同打造教研育共同体。

四、工作成效

模式运行三年来，本科生学风明显改善。

学业警示学生降低到个位数，延期学生数量下降了 31%，不及格率下降了一半，我们完成了三年前的承诺。本科生参与科研人数呈线性提升，发表论文数量提升了 4 倍，学生更加认同学院的育人质量，推免生申请本校人数提高了近 1 倍。

学院创新创业赛事参与人次提高近 4 成，项目数增加 2 倍多，获奖团队数按照 15% 的比例逐年提升，创业实践项目数提高了 80%，揽获"互联网+"大赛全国银奖等 28 项国家级奖项。学院人才培养质量显著提升，毕业生离校落实率连续三年位居全校第一，工作成效被《人民日报》、新华社报道。

育人典型

"三全育人"综合改革中,实现全员育人是关键。育人的主体主要包括以下几类:辅导员是育人的专门力量,既是学院育人工作的整体设计者,又是具体工作的核心引领者;班主任是育人的骨干力量,在相当程度上是对辅导员工作的补充;广大教师是育人的主要力量,在课程育人和科研育人方面不可替代;其余教职员工是育人的支撑力量,通过自身良好的工作作风影响学生;政府、企业、校友是育人的补充力量,为学生实践育人提供平台和指导;学生朋辈的教育不可或缺,能起到事半功倍的效果⋯⋯

2019年,学院发布《伴·铸人奖励办法》,按照十大育人体系导向,每两年高标准选拔十大育人典型,其中主要是教师,也包括学生朋辈导师。他们都立足本职岗位,扎实工作,结合业务悉心育人,既有方法又有成效。我们从中遴选出较有代表性的事迹材料,希望能为读者提供一定的借鉴。

课程育人：以身作则深耕课程育人，不忘初心彰显师道传承

——记管理学院"课程育人模范"冷绍升

冷绍升，男，教授。从 1988 年执教至今，针对产业经济下企业业务管理、生产管理、制造企业和服务企业运营管理这三个国内外不同发展阶段的运营管理学科进行了长期的调研和研究，尤其在课程教学改革、课程督导改进方面有着丰富经验。他在 30 余年的课程讲授中不断探索创新，积累形成丰富的课程育人经验，在课程专业建设领域获得高度认可。曾获管理学院 2020 年第一届"'伴·铸人'三全育人课程育人模范"荣誉称号。

一、扎根教学，探索科研

20 世纪 80 年代末，国内工商管理学科初创，面对下海经商待遇高的众多工作机会，冷绍升毅然投身教学事业，勤恳工作，多年如一日，悉心培养管理英才。"学生专注的目光就是我的追求所在，讲台上的每一分钟都是我课程育人的试金石。"带着这份师者的热忱与使命，冷绍升以身作则，持之以恒，用这份坚持已经走过了 30 多个年头的寒风凛冽和夏日炎炎。"行胜于言，坚持才有意义，上好课永远都是教师的本职。"哪怕是积劳成疾到腿有骨刺、腰椎间盘突出，冷绍升始终坚持提前半小时到场备课，30 多年来上课从未迟到。

以身作则更锐意进取。冷绍升以关注学生的专注力和接受度为核心的课程设计理念，让他的课堂永远充满知识获取的热情和思考延伸的乐趣。"当下教学质量管理，还停留在对教学环节进行质量监控的初级阶段，具备了监督、调控功能，但缺乏改进功能。一个具有完善功能的质量管理体系应该具备'闭环'特征，即通过监督功能发现偏差，通过调控功能纠正这些偏

差,再通过改进功能分析原因,并对系统进行改进。"传统课堂的讲授方式偏向于知识的传递,对于能力运用的考察不够充分和彻底。如何让学生作为课程主体做到"形神兼备"的投入和思考成为冷绍升课程育人提升的核心问题。为了实现目标,他从课程讲授节奏和环节入手,学思结合,现场运用。他通过深层次高阶内容的讲授,让学生听课的专注力不断提高。他通过眼神观察和交流,洞察每一位学生的学习情况和心理表现,及时采用各种教学方法和策略,促进学生学习。"受长期教育考察的惯性影响,很多孩子的回答从思考探索简化为完成课堂任务,这从根本上就存在偏差。即便是正确的答案也不是学生充分的习得和成长。"基于此,冷绍升精心设计考查知识点的问题,引入根本性系列问题并进行课堂分组"头脑风暴"讨论,保证每一位学生参与发言和思考,充分考量学生回答的动机和结果,进行引导启发和鼓励,让学生慢慢习惯敞开心扉,在试错和修正的主动探索中得到答案。"在冷老师的课堂上,我们都自觉不自觉地被引导,变得更加专注,每一个知识点的记忆只是基础,紧随而来的问题和思考才是对我们学习提升最大的。"哪怕是毕业多年的学生谈及冷绍升老师的课堂,也依然充满了感慨和感激。

即便有丰富的课堂教学经验,冷绍升仍然坚持对课程教案内容进行改进革新,布满批注的厚厚教案就是最好的证明。"受知识爆炸时代影响,高校课程改革的方向逐步从传统知识的传授升级为能力素质的培养。"在多年课程教学的基础上,冷绍升紧跟课程发展前沿、聚焦课程发展问题,逐步形成了以学生学习为中心,致力于培养学生未来学习能力的课程教学质量提升方案。课程教案修订节奏也从以前的四年一次加快到两年一次。这些课程教案不仅为他自身的课程讲授理论实践提供了强有力的支撑,也为专业课程建设提供了丰富的资源。

二、督导教学,先锋带动

近四年,冷绍升担任管理学院本科教学评估组组长和学校的教学督导。为了更好地提升课程育人的效果,他带动教师团队学习教育领域专著和国内外先进教学方案,重点聚焦专业价值培育和课程思想政治融合,为教学规律的探索奠定了厚实的基础。"课程督导应该以导为主,以督为辅,边督边导。"在这一理念下,冷绍升坚持从一门课的整体角度进行调研和指导。他走访全校多个院系的课程现场,认真听课记录,课后与学生交流想法并提出学习要求,向任课教师充分反馈建议,为扎实做好本科生课程教学做出贡献。2019年的某次督导活动中,连续督导八个课时的冷绍升准备继续听课,但因疲劳不慎将头撞到墙上。笃信"课程大于天"的冷绍升没有因此放弃后续的督导工作,坚持完成了当天的督导课程。像这样的故事还有很多,热心专注课程、持续投入督导、帮助引导改进、优化课程设计就是他多年督导工作的写照。2021年以来,冷绍升围绕课程思政,深度参与学校马克思主义学院思想政治课程督导工作,将这些参与体会与天津大学、上海大学等众多大学的思想政治教育融合起来,形成完整的思想政治教育思路,并将这些思路和做法用于管理学院课程思政的建设中。结合多年一线课程教学的经验,通过长期观察和认知梳理,冷绍升积极挖掘各种优秀教学案例中与思想政治要素相融合的教学点,在进行课程督导过程中为其他任课教师提供参考。按照管理学院的本科教学要求,冷绍升带头进行覆盖全院各系所的教学评估,实实在在地将教学督导反馈结果和课程育人整体提升结合在一起,帮助学院在课程思想政治建设上不断精进;连续两年学院多门课程获评校级课程思想政治示范课程,促进了管理学院教学水平的提高。

三、厚积薄发,探索教材

"课程学习不是仅仅通过课堂本身就能实现的,更需要思辨与创新实践的融入。"面临当今运营管理本科教学的诸多挑战,有一部用于本科教学的系统性的、高水平的教材显得愈发迫切。在本科理论和实践根基都不足的背景下,为避免思辨性学习中的迷茫和混乱,冷绍升充分结合自身教学经验,在多年课程育人的基础上,开始了《企业集成运营管理》一书的编写创作,并于2021年3月出版。该书是国内外运营管理学科学生培养领域唯一的一部全面性、系统性培养学生创新思维的教材。

该书中的每一个字、图、表、模型和测算,冷绍升都亲力亲为。该书编写的过程也是几起几落,一向坚定的冷绍升也曾想过放弃,但每一次想到学生的迷茫和渴望,他就咬牙坚持。"从教的 30 多年中,严谨一直是我的一个品牌,尽管一开始我就知道写这本书没有任何收益,一分酬金未得,但学生对课程学习的渴望一直在激励着我。我愿意把自己课程育人的坚持和经历,凝练和灌注到这本书的每一页中,让老师得到帮助,让学生得到成长。"冷绍升如是说。

师者,教的是书,育的是人。从自身坚守教学一线到督导教师共同发展,从课程教案持续更新到著书立作服务课程育人,冷绍升勤勤恳恳,兢兢业业。他坦言:"教师是成功者的见证人。"他愿意做学生的见证人,桃李天下,无愧于心。

科研育人:用热爱和坚守谱写新时代大学教师的最美乐章

——记管理学院"科研育人模范"王竹泉

王竹泉,男,教授,博士研究生导师。现任中国海洋大学管理学院院长,被评为文化名家暨"四个一批"人才、国务院政府特殊津贴专家、财政部"会计名家"、教育部新世纪优秀人才、首批全国会计领军人才培养工程特殊支持计划人才,首批全国会计领军人才、山东省教学名师、山东省智库高端人才。30余年来,他扎根会计学领域,将教学与科研深度融合,培育人才与服务社会两翼齐飞,在担当作为中,践行着高校教师的初心使命。曾获全国模范教师,中国海洋大学管理学院2022年第二届"'伴·铸人'三全育人科研育人模范"荣誉称号。

一、心无旁骛攻主业,学高身正为良师

王竹泉热爱和忠诚党的教育事业,始终保持着忘我的工作热情,耕耘在教学和科研工作第一线。近5年,王竹泉累计讲授本科生课程5门、研究生课程9门,课堂教学达到1620学时。他的讲授深入浅出,通俗易懂,具有大家风范。他关爱学生,循循善诱,言传身教,诲人不倦,被学生誉为"德艺双馨的好老师"。

在教学工作中,王竹泉贯彻全员、全过程、全方位育人的理念,深入挖掘专业课程中的思想政治教育元素,引导学生树立长远的社会责任观念和"共享才能共赢"的发展理念,实现企业、社会、个人的可持续发展,让学生在学习财会知识、理论和方法的同时,博修商道,诚信为本,合作共赢,实现知识传授、能力培养、价值塑造的统一。

他主讲的"营运资金管理"课程于2018年被评为国家精品在线开放课

程,主讲的"高级财务会计""营运资金管理"课程分别在 2009 年和 2012 年被评为山东省精品课程;主编的《营运资金管理》《高级财务会计》等教材在高等教育出版社、中国财政经济出版社等出版社出版;指导的学生荣获山东省研究生优秀科技创新成果一等奖 2 项、二等奖 1 项;在《管理世界》等重要学术刊物发表论文 100 余篇。30 多年来,他共培养研究生 243 人,先后为 20 多所高校输送了 30 多位教学科研骨干。

二、教学改革求特色,专业建设进一流

王竹泉在完成繁重的教学任务的同时,还积极投身教学改革研究。近 5 年,他主持完成 7 项省部级以上教学改革项目,获国家教学成果二等奖 1 项,省级教学成果一等奖 3 项、二等奖 3 项,有 5 个教学案例入选中国专业学位教学中心案例库和中国工商管理国际案例库。

作为学校会计学专业和学科带头人,王竹泉信守"以学科发展战略和专业建设规划为先导,以培育和强化学科方向与人才培养模式的特色为着力点,以特色研究、创新型人才培养和社会服务互动与协同为路径"的专业建设和学科发展理念,全身心地投入专业和学科建设的实践之中。会计学专业先后成为山东省首个会计学专业博士点、首批山东省普通高等教育品牌专业、山东省首个会计硕士专业学位(MPAcc)授权点、国家特色专业、山东省特色重点学科。

2012 年起,他带领学校会计学专业持续推进专业综合改革,每年面向全校新生公开选拔 50 名左右学生组建会计学专业(ACCA 方向)班,将全球公认的 ACCA 核心课程与本校品牌特色专业建设形成的分方向模块化课程有机结合,构筑全新的国际先进与本土特色有机融合的课程体系。该专业学生有 10 人次获得 ACCA 全球考试内地(祖国大陆)单科第一名,50% 以上的学生毕业后到国内外高水平大学继续深造。该专业学生获得海峡两岸大学会计辩论赛亚军 2 次、季军 1 次,获得 ACCA 就业力大比拼北方赛区冠军 1 次、季军 1 次。

2019 年,该专业顺利入选首批国家一流专业,并成为山东省目前唯一的会计专业学位教育质量认证 A 级成员单位。

三、理实一体共合作，创新培养双协同

研究型大学的人才培养不能仅满足于传授知识，还要注重教学内容的更新和学生创新能力的培养。2009年，王竹泉牵头组建了中国会计学会首个产学研合作研究基地——中国企业营运资金管理研究中心（简称"中心"）。中心按照"理实一体、合作共赢"的理念和思路，积极推进资金管理领域的政产学研协同创新。多年来，中心获国家级和省部级重点课题资助50余项，20多项成果获省部级以上科研成果奖，发表论文200余篇，出版著作20余部；应邀在美国会计学会2017年年会、第十三届国际会计教育与研究学会（IAAER）大会、美国会计学会2019年年会等重要国际会议交流。据中国知网统计，在营运资金管理领域被引率最高的10篇论文中，中心成员的论文占5篇。中心已成为公认的营运资金管理研究和特色人才培养的学术高地。

在打造我国资金管理领域的思想库、文献库、信息库、案例库的同时，王竹泉积极开展科教融合。他在国内率先单独开设"营运资金管理"课程，将创新性活动纳入课程体系，构建了以《中国上市公司营运管理数据库》《营运资金管理发展报告系列丛书》"营运资金管理高峰论坛"及"营运资金管理"国家精品在线开放课程等为系列标志性成果的资源共享平台，实现了协同创新与协同培养的双协同。

四、社会服务创品牌，智库建设入百强

作为会计名家和教学名师，王竹泉十分注重将人才培养、科学研究的经验和成果服务社会。近年来，他每年受邀在兄弟高校及中央企业做学术报告、专题讲座20余次，累计受众6万多人次。他主讲的"营运资金管理"在线开放课程累计有3.9万人学习，组织开发的中国资金管理智库平台、中国上市公司营运资金管理数据库等特色资源共享平台，累计访问量17万人次，有9万人次下载。此外，他通过会计名家公益大讲堂等多种形式将创新成果在智慧树平台网络上直播。他还应邀在教育部会计学专业教学指导分委员会2015年年会、第七届高校国际化人才培养与ACCA教学研讨会、会计学一流专业建设研讨会等重要会议上分享学科和专业建设经验。

王竹泉关注国家和企业发展的重大需求，他的调研报告《以矫正财务

信息扭曲为切入点,提高金融服务实体经济质量》《我国实体经济杠杆率的测度、比较与建议》被国务院发展研究中心采纳。《中国上市公司资本效率与财务风险调查》于 2017 年获光明日报社颁发的全国二等奖,《资本效率与财务风险分析体系创新》获青岛市金融创新研究奖,咨询服务成果获中国石油天然气集团管理创新成果奖。他领导的中国企业营运资金管理研究中心于 2017 年被评为山东省高等学校协同创新中心,于 2018 年入选中国智库索引(CTTI)高校智库百强(A 级),被公认为我国资金管理领域的学术高地和权威智库。

五、师德高尚做楷模,立德树人谱华章

王竹泉谦逊随和,言谈举止中自然流露出真诚。他教育学生要树立正确的竞争意识,真正的强者是与自己比,做好自己最重要,要做到"小细节、大格局,自谦而不自轻,自信而不自负"。

他是良师。据一位在读研究生回忆,他在某个深夜将论文写完发给王竹泉,第二天一早就得到回复,批改意见大到论文结构,小到措辞句式,十分细致,而回复时间是凌晨 3 点。学生的邮箱里常常有来自王竹泉的邮件,发送时间很多是凌晨两三点。

他像慈父。他真情投入、真心陪伴、真爱关怀学生。有一年中秋节,他邀请 30 多位留校的学生到自己家里共度中秋,并掌勺做了满满三桌饭菜。那个团圆之夜,王竹泉的家成为那些滞留在校的学生的家。

他更是一个敬业奉献的"铁人"。他兢兢业业,几乎全年无休;勤勤恳恳,每天只睡三四个小时。2019 年 11 月,因持续高强度工作,王竹泉突发十二指肠球部溃疡入院。在病床上,他仍一手挂点滴,一手写专业建设报告。

师德,绝不是一个抽象的词语。他高尚的师德是教师对职业的终生守望,是对教学技能、教育智慧的不断积累;是大年初一夜晚办公室亮着的灯;是无数封凌晨的邮件;是在医院病床上仍然不忘专业建设的执着与追求;是学生毕业后,能够在成长的岁月里不断回忆起的一份美好和眷恋。

"令公桃李满天下,何用堂前更种花",心无旁骛,砥砺前行,王竹泉继续用热爱和坚守谱写着新时代大学教师的最美乐章。

实践育人：以公益帮扶型专业实践履行
立德树人时代使命

——记管理学院"实践育人模范"周荣森

周荣森，男，副教授，硕士研究生导师。现任中国海洋大学管理学院营销与电子商务系主任，兼任中国管理现代化学会理事、中国市场营销研究中心理事、山东企业管理协会理事、山东市场学会常务理事与青岛经济学会常务理事等。多年来始终坚持"以本为本，实践育人"的育人导向，常年带领师生进行调研考察和智援帮扶工作，引导学生在实践中增长才干，助力乡村振兴。曾荣获管理学院优秀党员、2022年第二届"'伴·铸人'三全育人实践育人模范"荣誉称号。

一、乐陵启航，以实践夯实人才培养

作为高校教师，周荣森积极响应国家脱贫攻坚和乡村振兴战略，充分结合专业学科发展和人才培养的实践需求，逐步开展实践育人的路径探索。2016年夏天，周荣森带领由学院博士、硕士共9人组成的"三下乡"团队，应德州乐陵商务局邀请前往当地开展实践调研。在那里，他与学生一起奔走在田间地头，聚焦枣类产品市场的发展需求开展调研：在朱集镇林家村采访枣农关于金丝小枣种植、生产、管理及销售等环节的主要困境；在乐陵市红枣批发市场与多家经销商就进货渠道、销售以及收益等方面开展调研，收集金丝小枣市场的一手资料；对4家政府试点的农家乐营业户进行了访谈，了解当地红枣文旅产业融合情况。

"带领同学们在实践调研中将所学知识服务当地，挖掘红枣资源优势，助力乐陵产业协同发展，在为乡村振兴和特色小镇建设注入新活力、贡献海大力量的同时，也在涵育塑造海大青年的家国情怀。"带着这份信念，周荣森常年带队指导学生进行专业实践,为公益帮扶导向下的实践育人提供丰富的经验和成效。实践团队中的马贝博士持之以恒地钻研探索,在"挑战杯"社会实践调研报告中取得佳绩,并随后作为创始人组建红旗智援博士团,号召引领更多学生"把论文写在祖国大地上"。

二、践商研学,以平台增强育人实效

在"三下乡"等的基础上,周荣森发挥党员先锋模范作用,重点聚焦学院专业品牌赛事建设,组织师生研讨、调研、设计,尝试打造以实践、实训为抓手,以商科专业实践为路径,围绕公益帮扶主题开展扎根祖国大地调研学习的"践商研学"实践育人模式。2020年,他聚焦营销智力、智慧与智能的"智营销"三创大赛重装上阵。在疫情来袭、农产品滞销的挑战下,周荣森作为大赛指导教师,号召师生共奋进,充分挖掘云南绿春等帮扶地区需求,发挥专业优势,完成了一份份作品方案,吸引了一批批订单,撑起了帮扶地区的微笑和希望。学生的积极参与、专家教授的精心引导培育、社会各界的广泛参与,形成了一批"智营销"大赛优秀作品,助力绿春特色产品和品牌推广,累计吸引了国内近80所高校的3200余名大学生参赛,实现了125万余元的销售额,在取得社会认可的同时,切实提升了育人实效。

"实践育人不只是学生在赛事中对知识技能的运用,更重要的是平台本身的引导和深化。"为切实提高营销管理专业人才培养质量,周荣森始终坚持以人为本。在实践育人平台的基础上,他积极拓展国内高校、教师、学生以及企业、政府等多方主体的互动交流与合作渠道,建设了10多个专业实践基地和科产教协同育人基地,与国内知名企业搭建数字营销管理创新研究院、"新零售"实验室,推动政产学研多主体协同育人,不断延伸和扩展实践育人的资源空间。

三、身体力行,领青年助力乡村振兴

2020年年初,中国海洋大学作为教育部直属高校对云南省绿春县开展定点帮扶,营销与电子商务系在接到学校扶贫任务的第一时间就设立扶贫专项组,周荣森担任主要负责人,针对绿春的区域环境、主要产业、乡俗文化等特点,运用科学有效的方法开展精准分析、精准帮扶、精准管理,通过精准扶贫、智力扶贫、产业扶贫等多种方式助力绿春提前完成脱贫攻坚目标。

2020年8月,周荣森怀揣热情,身体力行,再次带领师生团队远赴绿春,扎根大地开展实践育人活动。绿春山路蜿蜒,崎岖难行,上山下乡路途遥远,山顶时常有浓雾,能见度低,安全隐患大。作为带队老师,周荣森以师生安全为己任,坚持坐在副驾驶位,协助司机观察路况,通过聊天的方式确保司机不因长途劳累而困乏。到达调研企业后,周荣森主导访谈讨论。调研团队早出晚归,回到酒店后周荣森常常深夜还和学生一起整理访谈资料,研讨产业问题,指导学生写作。当一周的调研任务圆满完成时,周荣森也因过度劳累而病倒。这份担当和付出深深感染了每一位同行的学子。通过深度调研、产品整合和规划,"绿春四季"农产品特色品牌逐步成型,绿春电商平台运营展现出了新的活力,为当地从"脱贫攻坚"到"乡村振兴"的转变发展提供了强有力的支撑,山海之间的实践育人道路也逐步平坦宽阔。

扎根大地,服务乡村,实践育人,作为一名老教师,周荣森以德示范,引导学生端正三观,不断探索一流市场营销专业人才培养模式。他积极践行"三全育人",贯通第一和第二课堂,将课程思想政治教育有机嵌入专业理论与实践教学,赋能学生成长并积极引导学生提高专业实践应用能力与社会公益服务意识。"纸上得来终觉浅,绝知此事要躬行。实践平台育英才,铸魂育人在路上。"在周荣森的不懈努力和带动下,营销与电子商务系的师生踔厉奋发、久久为功,与公益帮扶地区和合作企业形成长期人才培养合作关系,连续多年专业就业率名列前茅,用汗水和脚步诠释着"精业博学、经世致用"的院训精神,逐步实现专业建设与实践育人同心同向发展的育人新格局,开启育人新篇章。

文化育人：扎根海大园薪火相传，
奋进新时代守正创新

——记管理学院"文化育人模范"陈子龙

陈子龙，男，中共党员。本科就读于中国海洋大学管理学院财务管理专业 2015 级，读书期间学习勤奋，积极进取，屡获多项学习奖学金，并以优异成绩免试攻读中国海洋大学财务管理专业硕士研究生，获评山东省优秀毕业生。曾任学生会文艺部部长，组织策划多场赛事活动和文艺晚会，创作古风校园歌曲《子曰》《梦届如故》等，获得第四届全国最美校歌大赛最佳作品、第四届全国大学生网络文化节优秀原创作品等多项省部级以上奖励，并代表中国海洋大学登上"五月的鲜花"全国大学生文艺会演的舞台。

一、勤学奋进，严以律己

陈子龙进入海大学习后，勤奋进取，连续四年获得学习奖学金，成绩名列前茅。因成绩优异，陈子龙获得赴厦门大学交流学习的机会。由于课程设置以及评分标准的差异，厦门大学的学习对他来说既是机遇也是挑战——适逢大三，保研在即，开阔视野提升学习的同时也要保证成绩的稳定提升。经过一番思考，他选择直面挑战，厦门大学要去，研也要保。这一年是孤独而充实的，没有熟悉的老师和同学，在一个陌生的校园里，他穿梭在不同专业的教室中，见证了无数个"南强"的清晨和"演武"的深夜。唯有比以往起得更早、睡得更晚，才有可能保住前面两年取得的成绩。"学生的本分就是好好学习，对于专业要做到咬定青山不放松。"他以破釜沉舟的信念和比原来更加刻苦的学习态度，圆满完成了交流学习任务，最终免试攻读本校本专业硕士研究生。

二、触摸历史，传承创新

近百年前，闻一多、梁实秋、老舍、沈从文等一批蜚声学界的文学大师曾聚集这里讲学论道，奠基了海大的深厚文化基础，深深影响和激励着一届届海大学子。把前辈们留下的良好文化传统继承下去，并有所创新突破，成为新时代海大人的使命。

2017年2月，陈子龙应学校大学生艺术团之邀，打造原创古风校园歌曲，为一首已经创作好的录音小样创作歌词，既要体现中国传统文化又要结合校园环境和时代主题。面对这份文化传承的事业，经过多年校园文化和传统文化浸润熏陶的他决定创作一首充满正能量、能够弘扬优秀传统文化的歌曲。

所谓万事开头难，起始的创作工作千头万绪：一面是"临危受命"搞创作的时间非常紧迫；一面是中华传统文化源远流长、博大精深，想用一首歌的篇幅去描绘和提炼，无异于以管窥天、以蠡测海。初稿的创作较为碎片化，存在着一些辞藻的堆砌，逻辑关系和行文架构也显得不够明晰，立意还仅仅局限在个人的努力和提升上，在传统文化方面缺乏落脚点。陈子龙广泛征求领导、老师和创作团队等的意见，在校园文化活动的积累体悟中明确方向，最终决定选择更加适合大学校园环境的儒家文化作为中华传统文化的代表，支撑起本首歌曲的主要内容，同时还要提高站位，在个人的奋斗中融入家国情怀，使主题得到进一步升华。他仔细研读《论语》，遍观中华大地，加入了中华传统文化里大写意的景象以及儒家文化里修齐治平的积极人生态度，并结合当今中国兼容开放和伟大复兴的大时代主题，历时一个多月，几经修改终于定稿，这便是后来的《子曰》。

歌曲创作完毕即进行演唱者的选拔，最终选定大学生艺术团中的刘世杰、李昌杰、李赞、肖润江和陈子龙组成音海合唱团，对歌曲进行系统性的打磨和排演，确定了歌曲的表演风格和形式。一个作品的成功离不开所有人的努力和近乎挑剔的不懈追求。在那段封闭创排的日子里，陈子龙先给大家讲解了歌词的含义和蕴含的情感，明确了整首歌曲的感情基调和情绪走势。几位演唱者也各显其能，对配乐的丰富性、音调的准确性、和声的协调性、表情的自然性、咬字的清晰度、动作的松弛度等做了针对性的训练。每天创排的第一件事就是跟着钢琴做视唱练耳，虽然很枯燥，但还是把基准音牢牢印在了脑子里，做到张口就有准，这也是为后面加入和声做准备。如果原调不准，配上和声效果会适得其反，更加难听。在此基础上，演员们大胆创新，尝试了各种不同的和声让歌曲变得更加丰富悦耳，最终摸索出了一套适合五人各自声线的独特的演唱方式。相对而言，表情和动作的把控则要困难很多，在学校和学院老师、同学的帮助下，他们想出了一个新的办法：每个人都对着镜子，只关注自己，把自己的表情和动作琢磨到位。随后集体展示一次，这次则只关注其他人。就这样在相互切磋和提醒中大家扬长避短，最终保证了表演的整体性。

这首歌曲就是在这样如琢如磨的背景下创作完成的，一经问世便获得全校师生广泛好评。在学校大力支持下，《子曰》设计并录制了精美的MV，传播度也得到极大提高。2017年5月，《子曰》在全国原创校园歌曲中异军突起，得到央视导演的关注，音海合唱团受邀参演央视五四青年节晚会。此后，《子曰》参与了国内各大创作比赛的评选，并屡次斩获佳绩。2017年12月，获共青团山东省委组织的"青春的礼物"山东省短视频大赛一等奖第一名。2018年6月，获山东省委宣传部、山东省教育厅、山东省新闻出版广电局、共青团山东省委联合颁发的"弘扬社会主义核心价值观，共筑中国梦"主题原创网络视听优秀节目奖。2020年1月，获由中宣部和教育部指导，中国教育电视台与中国电视艺术家协会共同举办的第四届最美校歌大赛最佳作品奖。2020年10月，获教育部、中央网信办联合举办的第四届全国大学生网络文化节短视频作品征集活动三等奖及优秀原创作品奖。

三、青年才俊，弘毅创新

对作品坚持千磨万凿、精益求精的背后是陈子龙作为新时代青年弘毅创新的信念和追求。对于成长、文化和创作，陈子龙也有着自己的理解。

成长是一场修行，就像爬山，越往上爬，越艰险、越疲惫。既然如此，为何还要不辞辛劳永攀高峰呢？在陈子龙看来，王安石给出了很好的答案："而世之奇伟、瑰怪，非常之观，常在于险远，而人之所罕至焉，故非有志者不能至也。"可以想见山顶景色的美不胜收，那是对坚韧自我的认可，也是对不断奋进的激励，成长亦然。只有秉承着不鸣则已一鸣惊人的信心和勇毅探索的恒心，才能"会当凌绝顶，一览众山小"。

文化创作并不是一个必然成功的尝试，但是文化育人的环境和平台的支持确实能够实实在在地帮助和引导青年投身文化传承与创造。2018年以来，管理学院在"三全育人"综合改革实践中，注重文化育人的制度建设和氛围营造：出台《网络文化成果认定办法》，对于师生优秀文化作品进行认可支持；设立"固本弘文"社会主义核心价值观培养体系，引导学生积极参与校园文化活动；在POKE空间开展"五育并举"的"阅享汇""争鸣广场""放映室"等品牌活动，引领青年汇聚交流、碰撞思考。

"《子曰》能收获成功，除了有自己和团队合作的努力外，其实很大程度上也是平台之功。平台，换个维度去认知，更是培养和孕育的实体，在此也要感谢老师、感谢学院、感谢学校的哺育。海大浓厚的文化底蕴深深滋养了我们，我们要时刻秉承'海纳百川，取则行远'的校训精神，既要有容纳百川的气度和胸怀，也要有志存高远、探索不已、勇攀高峰的精神追求，为弘扬中华优秀传统文化贡献自己的力量。"陈子龙如是说。

网络育人：知行其善，伴铸职涯

——明职顾问工作室"网络育人"探索实践

明职顾问工作室始建于 2009 年，是学校设立的首批辅导员工作室。多年来明职顾问工作室围绕培养"扎根中国大地具有企业家精神的创新型管理人才"目标，秉承"知行其善，伴铸职涯"的理念，以职业发展为突破点，形成凸显"互联网＋"特点的"四维四阶"职业发展教育体系，实现全方位育人。通过工作室的努力，学院学生职业素养明显提升，毕业去向落实率从 2019 年逐年跃升，2020—2022 连续三年离校毕业去向落实率位居全校第一；学生参与创新创业实践人数提高 46.3%，学院获学校首届创新创业教育突出贡献奖。"创践""求职 OMG""职熵""大学生职业发展教育"等课程先后获评国家一流课程，被国内 1276 所高校选用，服务近 300 万名学生，育人模式先后向国务院原副总理刘延东和马凯汇报，被《光明日报》《焦点访谈》报道，获山东省教学成果一等奖。工作室先后为内蒙古、陕西等 12 个省份高校教师介绍网络育人模式经验，在山东省教育厅与山东省人力资源和社会保障厅网站做专题分享，在全国首届混合式课程教学论坛上做主旨发言。

一、以"明职顾问"课程群建设为着力点，推进课程思政，带动全员育人

明职顾问工作室（简称"工作室"）将"职引——大学生涯教育"等四门山东省精品课全部制作成慕课，产教协同探索"互联网＋职业发展教育"；与海尔共建"创践"慕课，建成国内首个"创新创业管理"微专业；与海信共建"职熵"慕课，共同制订工商管理人才培养方案。学院制定《专业课程育人管理办法》，要求课程大纲列出思政目标和途径，知识点体现在教案中。各系结合专业开设"线上慕课＋线下实践"的"大学生职业发展教育"课

程,辅导员参与、各教研室集体备课授课,建成学校课程思政示范课、教育部线上线下混合式一流课程,引领带动全院专业课程思政建设。截至2022年,使用"明职顾问"课程的高校达1276所,近300万名学生获得学分,在同类课程中覆盖量居全国第一。

二、以专业实践为融合点,形成"学研赛战"一体化模式,推进全程育人

明职顾问工作室以"精益创业"理论为根基,将各系专业核心课的实践环节整合为"践商研学"四大专业赛事,依托专业赛事开设"专业社会实践导论"课,将创新创业实践融入专业课程。将解决贫困革命老区的具体问题作为实践内容,专业教师和辅导员共建育人载体,逐步形成"理论学习—扶贫调研—专业赛事—实战落地"的"学研赛战"一体化模式。学生在解决乡村问题过程中,将自身成长与祖国需要相融合,突破性地解决了高校共存的专业和思政教育"两张皮"的瓶颈问题,实现思政、专业和双创教育一体融合。

学生参与创新创业实践人数提高了46.3%,揽获"互联网+"大赛全国银奖等18项国家级奖项,培育出"全国大学生年度人物"等优秀典型,学院获首届创新创业教育突出贡献奖。通过产教学协同育人,学生职业素养明显提升,毕业去向落实率从2017年居学校第13名逐年跃升,尤其是疫情防控期间逆势上扬,2020—2022年离校毕业去向落实率连续三年位居全校第一。通过扶贫实践,学生涵育了家国情怀,西部就业学生人数占全校学生比例逐年提升。

三、以职业发展为突破点,形成"四维四阶"教育体系,实现全方位育人

明职顾问工作室根据不同年级学生需求纵向构建包含生涯规划、创新创业、就业能力和职业素养在内的衔接递进的知识体系,从个体指导、专业实践、全院授课三个维度切入,分线上、线下两个层面设计凸显实景实训的创新性教学活动。以互联网为媒介,实现全校乃至各高校学生交流互动,形成"点线面"到"体"的"四维四阶"职业发展教育体系。

面向全体学生,分阶段开设混合式大学生职业发展教育课程,专任教师

和辅导员共同授课,实现第一、二课堂真正融合,大面积覆盖的同时保障了课程质量。学生对课程的满意度达99.7%,育人成效被《人民日报》和"学习强国"报道。

不同成长路径的学生对于职业发展的需求差别很大,工作室通过引入"外脑",将专业人士引入校园,着力提升学生职业素养。面向求职学生,与海信共建产教融合基地,开展线上集体实习、求职训练营,提高学生的职业素养。面向创业学生,与海尔共建创新创业管理微专业,引导学生创新性实践。面向出国学生,与新东方协同培养国际化人才,为学生制订国际化发展方案。通过校企协同育人,学生的职业素养得以提高,学生就业满意度达97.9%,用人单位满意度达99.5%。学院成立学生职业发展中心,聘任上市公司高管全职负责工作室业务,为求职学生开办专项训练营;与粉笔网合作,为考公群体举办模拟笔试和面试。针对本、研不同的职业发展路径,设计职业生涯主题班会,每次班会设计不同的发展模块,让学生尽早树立正确的职业价值观。

只有个体指导才能精准,工作室把未就业学生分为8类,针对每一类明确对应举措,将学生诉求标签化,导入信息平台,精准推送岗位。工作室开通线上微咨询服务,时时解决学生困惑;设立线下咨询室,为学生量身打造成长方案。

在工作室的引导下,学院逐渐形成了产教学融合的"三主体"育人格局——企业负责实践指导,高校专注课程培养,学生进行朋辈教育。企业为学生实习实践搭建平台,高校为企业健康发展输送优质人才,三方优势充分发挥,有力地提升了育人质量。学生职业素养显著提升,就业满意度和用人单位满意度持续高点攀升。通过树立职业理想,本科生学风明显改善,延期学生数量下降了31%,不及格率下降了57%。相关工作成效被《人民日报》、新华社报道,时任山东省委教育工委副书记、省教育厅党组副书记、副厅长(正厅级)冯继康,教育部党史学习教育高校第八巡回指导组副组长盛邦跃先后来院视察。

学校最宝贵的资源就是学生。解决学生职业发展问题的过程也是育人的过程。把学生培养好,把育人品牌打造好,自然会实现资源的汇集,推动思政工作的改革升级,培养造就大批堪当时代重任的接班人。

资助育人：助学·筑梦·铸人

——记管理学院"资助育人模范"旅游学系

旅游学系成立于1999年，目前拥有旅游管理学士、硕士和博士学位授予权，现有教育部高等学校旅游管理类专业教学指导委员会委员1人，山东省高等学校旅游管理类专业教学指导委员会委员1人，文化和旅游部首批"旅游业青年专家"1人，博士生导师3人。面向国家文旅产业发展的现实需求，旅游学系致力于培养品学兼优、专业知识扎实、创新能力突出，能够综合运用专业理论从事旅游营销与管理、规划与开发、服务与运营、教学与科研的复合型高端旅游人才。多年来，全系教师团队将扶贫、扶智、扶志相结合，构建了纾困解难、奖优励学、榜样引领等多种方式为一体的资助育人长效机制，多角度、多渠道搭建资助育人平台，教育引导学生受助思源、励志进取、传递爱心、回报社会，从而打造出具有旅游特色、有温度、有力量、有担当的资助育人品牌。

爱人者，人恒爱之；敬人者，人恒敬之。旅游学系教师团队始终把资助工作和学生发展放在心头，在奖助支撑、专业培养和服务社会的行动中切实保障学生安心成长、支撑学生专注成长、引导学生全面成长。他们用资助为学生保驾护航，用行动引领学生学以致用、服务社会。

一、在扶贫资困方面做"加"法，拓宽资助育人的"广度"

在学校与学院政策支持下，旅游学系教师团队主动联络校外企业，逐步构建起宽口径、多层面、纵深式的助学资金体系，给予学生资助。在系主任董志文的协调下，2015年青岛鑫复盛餐饮有限公司出资设立"鑫复盛奖学金"，共资助奖励60名品学兼优的海大旅游管理专业学子。2021年鑫复盛续签为期 5 年的捐赠协议,每年向学校捐赠 10 万元用于人才培养,助力管理学院旅游管理国家一流本科专业建设。2016 年安徽祁润世家茶业有限公司出资设立"中国海洋大学祁润奖学金",捐赠 12 万元奖励海大优秀学子,5 年共奖励 60 名海大旅游管理专业在读本科生。

从 2016 年开始,旅游学系每年资助 10 ～ 20 名优秀的贫困学子。不论是在工作岗位还是在海大校园中,这些受助学生都有一个共同的信念,那就是要锤炼品格、增长才干、砥砺成长。与此同时,旅游学系的资助工作从保障型向发展型拓展。

二、在扶智赋能方面做"乘"法,挖掘资助育人的"深度"

扶困解成长之忧,扶智应成长之需。旅游学系经过多年的探索和改进,逐步形成以系统性科研训练和赛事指导为路径的扶智方略,直面当下单一的"输血式"帮扶已经不能满足家庭经济困难学生全面发展需要的问题,以"造血式"帮扶激发学生内生动力,实现授之以渔。

以蔡礼彬为代表的旅游学系教师团队大力践行新苗工作室制度,鼓励科研能力强、思考问题有深度的家庭经济困难学生尽早接触学术研究。教师团队聚焦学术前沿,以课程为载体、以论文为脉络培养学生的科研素养;在课程教学和专题研讨方面精心设计,关注科研论文与学术热点和专业知识点融合;以科研理念引导学生学习掌握专业知识,提升学生的学术热点捕捉敏锐度,为后续科研发展做好启蒙;通过新苗工作室的培育,让家庭经济困难学生在辅助科研的路上认真汲取知识,培养科学思维的习惯、科研创新的能力,实现由"他助"到"自助"的理念转换。

办赛参赛,以赛促学。旅游学系连续数年组织举办全国大学生海洋旅游创意设计大赛、旅游 DIY 大赛等面向全国的大型专业赛事,有意识地引导鼓励家庭经济困难学生参与,并配备指导教师,让学生在赛事竞争中提升自信和能力。2022 年大赛,130 余所大学报名,1148 支队伍参赛,征集初赛作品 830 件,为本科生提供了运用知识、提高综合素质的广阔舞台。通过教师引导、开设特色赛事实践课等方式实现家庭经济困难生参赛全覆盖,旅游学系学子在全国大学生世界遗产保护提案大赛、全国大学生红色旅游创意策划大赛等高质量赛事中均取得较好成绩。

旅游学系用智慧点燃希望，照亮未来，为学生播下科研的种子，将从容和耐心沉淀为精神的沃土，用专业知识和能力帮助学生自强自立地成长在祖国大地上。

三、在扶志实践方面做"积分"，传递资助育人的"温度"

在乡村振兴背景下，帮助家庭经济困难学生学习先进思想、树立崇高理想，主动投身到实现中国梦的生动实践中，这是旅游学系资助育人工作的目标方向。为此，他们用红心搭建学生实践平台，帮扶乡村振兴，在实践中培养学生不怕挫折、吃苦耐劳、积极奉献、勇于拼搏和创新的精神，在引导学生知行合一的同时也默默种下了担当时代责任的种子。言传身教、细心关怀、勇于担当，旅游学系塑造着海大旅游"魂"，守护着学生披荆斩棘的力量源泉。

旅游学系把思想政治教育贯穿人才培养全过程，积极推动思政进课堂。"旅游文化学""旅游经济学""遗产旅游"等专业课程将"文化自信""乡村振兴""共同富裕""黄河重大国家战略"等思政元素与专业知识相融合，在专业课程教学中增进广大学生对中华优秀传统文化和社会主义先进文化的理解，使之入脑入心。

全系教师积极发挥旅游管理专业特色认知实习的思政教育作用。前往红色文化地进行参观学习已成为旅游学系特色认知实习的一项重要内容，通过实地感受、教师讲解等方式对学生进行爱国主义教育，同时开展重温入党誓词等活动，坚定广大学生的"旅游强国"志向，树立将论文"写在祖国大地上"的信念，培养将个人发展的小我融入国家和民族发展的大我之中的家国情怀。

在思政教育引领和培根铸魂的深耕中，旅游学系多名学生在毕业后主动投身西部贫困地区基层教育工作。其中，孙玉浩在本科毕业后参加大学生志愿服务西部计划研究生支教团，他表示："在本科四年的学习生活中，系里的资助、教师的专业指导、社会实践和竞赛的参与，让我受益良多。现在我在贵州遵义支教，我希望把这份精神带给大山深处的孩子们，希望更多的人能够像我们一样通过自己的努力和奋斗改变命运、实现梦想。"

多年来，旅游学系采用互动、基地、共享和认证的校企合作模式，建设形成了一批包含景区、酒店、旅行社、会展公司等类型齐全、稳定、高质量的校外实践教学基地，学生进行认知实习、企业调研及企业实习有较大的选择空间，产学研协同育人效果显著。为进一步提高本科教学质量，学院不断完善旅游专业教学实验室的建设。目前，旅游管理专业的专有教学条件有旅游虚拟现实实验室、旅游规划实验室、茶艺实验室、旅游研究数据库、咖啡／调酒实验室等。2023年1月，由董志文牵头申报的海洋文化元宇宙实验室成功入选山东省文化和旅游重点实验室，为学生实训与科研提供了更好的平台。"资助育人的目的在于学生的成长、成人和成才，而要实现这一目的就要求通过多种途径和手段解决学生经济困难，组织学生参与各项科研、实践活动，强化学生的自我效能感，从而进一步使学生的未来发展和回馈社会形成良性的互动。"董志文对于资助育人的发展情况如是说。

旅游学系教师团队从受助学生个人发展和综合能力提升需要出发，用爱心守护学生成长发展，解决学生后顾之忧；用真心培育学生专业素养，铺就学生成才之路；通过资源整合、精准资助、多元培育的方式为海大旅游人凝心聚力，培根铸魂。解困—育人—成才—回馈，这就是旅游学系对学生的承诺。

心理育人：师友同行，沁润心田

——记管理学院"心理育人模范"刘秀丽

刘秀丽，女，副教授，硕士研究生导师。本科就读于洛阳工学院会计学专业，研究生就读于西南财经大学会计学专业，毕业后任教于中国海洋大学会计学系，参与企事业单位管理咨询项目以及培训讲座项目多项。曾获评校级"优秀论文指导教师""优秀班主任"、2020年第一届管理学院"'伴·铸人'三全育人心理育人模范"荣誉称号。

一、用关爱培根铸魂，用心灵陪伴成长

刘秀丽在严格要求学生勤学修业、奋发笃行的同时，关注学生的心理健康。为此，她投入大量时间精力学习心理咨询相关知识，守护学生的平安健康。"作为一名教师，以情育人，关怀学生，帮助他们成长既充满意义又实为不易。当今社会环境下，青年人的成长道路和境遇较之以往有很大的不同，不能简单地进行比较判断，而是要走近学生，携手同行，共同发展。所以，心理育人不仅要传递阳光健康的态度和方法，更要在深层次上做好价值引领和塑造。"作为一名研究生导师，刘秀丽始终坚持对学生从入学到毕业全程关怀，通过跟每一位学生谈心谈话等方式引导学生独立思考、把握主动、以终为始规划学习生涯。"师生的关系不只是科研教学携手成长奋进，也有朋友一般的陪伴成长。"研一学生两周一次、研二和研三学生一周一次谈心谈话，刘秀丽一直都在用热情引导着学生走好人生每一步路。从人生道理到身边事迹，从学习生活到未来规划，这份坚持不只是短暂的热情，更是长期执着的坚守。刘秀丽要求研究生每周提交个人计划，关心学生的学习研究状态。"以前听别人说，读研的时候老师只关心学术，从来没想到老师对我们的个人心理健康和成长也如此关注，甚至比我们自己都关注。"学生如是

说。在刘秀丽看来,研究生面临着学术科研上的压力和挑战,社交圈子也有一定的变化,心理上的关心和引导不只是一种防范风险的手段,更是导师在育人事业上的责任和使命。

基于长期以来的用心和关注,刘秀丽对研究生的心理状态都能及时掌握。在两周一次的谈心谈话中,她察觉到一位学生状态低迷,随后开始对其进行持续的关注和引导。期间,她通过个人的力量为学生寻求优秀心理医师进行治疗,开导学生,与家长沟通协调。"心理育人,并不是立竿见影的成效展示,而是长久陪伴下的理解与支持。这份理解与支持,不只来自孩子们,更和孩子背后的家庭紧密相连。"起初学生家长并未认识到情况的严重性,直到突发危机被化解后才真正理解了刘秀丽的良苦用心。"学生首要的是身心健康,在此基础上的学业精进也好、事业有成也好都是自己的选择和努力。"刘秀丽一心为学生的健康成长着想,充分尊重和鼓励学生做出选择,即便学生选择放弃学业,她也不希望学生继续在难以承受的压力下生活。用真心关爱、用真情温暖、用真诚感动,这份理解与支持,让学生找到了未来的方向,心中的郁结也逐步解开。

二、持之以恒沁润心田,积极干预化解危机

在担任 2017 级会计学本科班主任期间,刘秀丽面对班级 60 多个孩子的期待,心理育人的那份热忱和坚守也没有丝毫放松。谈心谈话每个学生平均 2 小时起,超长班会更是常有的,这份热情和投入让学生感动。入学伊始,一位学生在课堂上总是沉默寡言,也不积极参与课堂讨论。刘秀丽察觉到后便与其谈心谈话,通过沟通,了解到其上大学本身就充满艰辛、对自我缺乏信心和规划。学生觉得自己与大学环境格格不入,不配拥有这么好的机会,同时担心自己不能跟上节奏、达不到父母和老师的期望。刘秀丽用心理学知识和方法引导学生疏导情绪、调整认知,并给予积极的建议和鼓励。"每个人都有自己的优势和劣势,不能因为自己出生在贫困家庭就否定自己的价值和能力。学习的机会是宝贵的,大学毕业努力工作才能真正帮助家人。"刘秀丽着手帮助其解决生活上的困难,推荐合适的勤工俭学岗位;经常与其谈心,在期末考试前夕、在报考研究生时、在面临就业选择时,刘秀丽

总是能说出恰到好处、暖人心扉、鼓舞人志的话语,给予其精神上的支持和激励。这样的故事还有很多很多。刘秀丽老师的付出和努力得到学生的认可,学生都亲切地叫她"秀丽姐姐"。

三、心理育人以点带面,常态机制保驾护航

在管理学院,像刘秀丽这样的老师还有很多,这一方面是基于师者育人的责任使命,另一方面则是学院多年来心理育人工作中"全员育人"投入的写照。管理学院通过三年建设,逐步探索形成了以"公寓育人"为载体,以打造特色化心理服务品牌为方向的发展性心理育人工作模式,充分依托学生公寓这个主要阵地,有效落实网格化管理方式,对全体学生进行心理测评和心理危机排查工作,确保能够深入了解学生日常真实表现,及时发现学生情绪状态变化并开展工作。每学期学院会开展面向全体班主任的培训会,同时针对新生班主任还会就班主任工作职责和要求开展专门的交流培训,逐步增强班主任的心理育人意识。通过制订《管理学院学生心理健康家校共育实施方案》,畅通家校沟通的渠道,详细规定了家长和辅导员在家校共育过程中的工作职责、工作流程和工作要求。每学期召开家校沟通会,重点跟进学生家访工作,一方面,帮助家长了解心理健康的重要性,树立家长的心理健康危机意识,增强心理育人能力。另一方面,及时把学生的学习、生活等各方面的情况反馈给家长,让家长充分了解学生在校的心理状况,增进对学生的了解,共同形成跟进措施和解决方案。在常态机制的保障下,全院教师和朋辈互助队伍参与育人工作热情高涨,学业问题学生和心理危机事件比例明显下降,职业素养明显提升。

刘秀丽细心关注每一位学生的生活,安排大段时间和学生谈心沟通,为学生解决了一个又一个问题。"随风潜入夜,润物细无声"是对她最好的评价。爱是一份诺言,更是一份责任,光阴的眼中你我只是插曲,但育人的光辉和行动永远在路上。

管理育人:以身作则投身"三全育人",言传身教倾注管理学子

——记管理学院"管理育人模范"姜忠辉

姜忠辉,男,教授,博士研究生导师。现任中国海洋大学管理学院副院长兼中国海洋大学创新创业研究中心主任、工商管理硕士(MBA)教育中心副主任。分管学院本科教学工作以来,姜忠辉凭着那份对教育工作的热爱,在本科教学管理的岗位上脚踏实地,锐意创新,为学院整体建设发展贡献力量。曾获2022年第二届"'伴·铸人'三全育人管理育人模范"荣誉称号。

一、以身作则,完善育人管理制度

2015年姜忠辉就任教学院长之初,学校启动迎接教育部首次普通高等学校本科教学工作审核评估工作。"那一年,我的女儿也处在大学本科阶段,我会不自觉地以孩子成长的视角来审视和开展工作。"从需求侧来看,青年学子在人生中最为黄金的年龄来到了海大园学习成长,"每一个孩子就像是我的孩子一样充满活力朝气和期待追求,而我也自然而然地把广大学子当作我的孩子一样呵护和培育",以学生发展为中心,对他来说是一份责任和使命。从供给侧来看,"学高为师,身正为范"是社会对教师职业的殷切期望和深深嘱托。而当前由于主客观因素的影响,教师的职业荣誉感在经济社会转型中面临挑战,个别青年教师受功利思想和个人主义影响,缺乏社会责任感和职业操守,职业情感的崇高性被世俗追求所取代。科学地看待和解决供给侧与需求侧的衔接问题,提升育人成效,成为姜忠辉不懈奋斗的目标。作为学院本科生教学工作的负责人,姜忠辉认为,管理育人工作不仅需要投入热情,更需要科学的方法和尝试。从个人来看,身为人师使命在肩,

以身作则责无旁贷；从管理角度来看，育人科学方法的探索、制度规范的建设，对于教师团队的带动提升才是关键。

为此，姜忠辉先后组织开展了学院的专业自评和专家现场考察工作，着重对学院本科教学质量保障体系进行全面自查，修订、补充、完善管理学院本科教学管理制度，编写完成了《中国海洋大学管理学院本科教学质量保障体系》。2018年学院获批教育部"三全育人"综合改革试点学院，根据新的工作要求和实际情况，姜忠辉带领学院师生团队制定新制度、完善旧制度，建立了一套完整的育人管理体系，包括教学、管理、评估等方面的制度和规章。从制度上科学地引导和规划，从落实上精准有效地督导改进，逐步形成了与"三全育人"综合改革要求相匹配、与院校两级管理体制改革相适应的本科教育管理格局。

二、与时俱进，推动以学生发展为中心的教学改革

为带动教师参与教学改革，践行以学生为本的教育理念，姜忠辉在学院率先尝试使用雨课堂、Bb平台等信息化教学工具，带头录制"走进管理"慕课，开展混合式教学；在全院教师中积极倡导和推进教学方法改革，以研讨会、教学观摩会、网络培训等多种方式，累计组织教师500多人次参加关于教学能力、教学研究、教学方法、课程思政以及OBE理念等方面的培训，有效促进教师更新教学观念，探讨激励学生自主学习的教学方式。领航在先、携手奋进，管理学院多位教师在学校教学评估中获得优秀，在学校已经开展的两届教师教学创新大赛中，学位有3位教师获得一等奖，1位教师获得二等奖，3位教师获得三等奖。

疫情防控期间，根据学校统一部署和有关要求，姜忠辉召开全院教师大会，进行在线教学培训，号召教师把在线教学作为转变教学思维的重要契机，进一步推进本科教学由以"教"为中心向以"学"为中心转变。积极组织任课教师把教学大纲、教学日历、学生学习任务单、讲稿或教案PPT、课后作业以及教学视频等资料上传至Bb平台。在线教学过程中，导师"主播"、弹幕提问、线上"秒"答、多人互动。课余时间，教师比平时更加精心地设计作业和测试内容，通过Bb平台中的讨论版、雨课堂、微信群、QQ群等方式

与学生进行在线交流、讨论、答疑等，做好学生线下自主学习的辅导与督促。在线教学期间，管理学院学生出勤率高达99.2%，课程满意度高达91.1%。

三、厚积薄发，大力开展创新创业教育

大力开展创新创业教育，既是新时代对于当代大学生教育的新要求，也是由管理学院以培养企业家精神为己任的学科专业特点所决定的。

以双创赛事指导为积累，逐步形成具有管理学院特色的双创教师团队。为了达成这一目标，姜忠辉积极组织学院专业教师参与"互联网+"大学生创新创业大赛的指导工作，身先士卒指导学生团队参赛，在两届大赛中，取得了3枚山东省金奖、2枚全国铜奖的成绩，先后获得第四届、第五届中国"互联网+"大学生创新创业大赛优秀创新创业导师。在第四届山东省"互联网+"大学生创新创业大赛期间，从有指导SRDP项目、国创项目以及专业品牌赛事经验的专业教师中遴选9位教师组成指导团队对参赛项目精心指导，最终获得7枚金奖、5枚银奖、2枚铜奖的突出成绩，管理学院获得中国海洋大学首届创新创业教育突出贡献奖单位贡献奖和个人贡献奖。

以双创课程为载体，逐步提升思专创育人成效。姜忠辉以创新创业研究中心为依托，整合校内外资源，历经两年对工商管理专业核心课程重新整合，进行知识重构，围绕新创企业管理，组织建设完成了"创业有道——商业模式设计与创新"等8门课程，组成创新创业微专业课程体系。这是全校第一批启动建设的两个本科微专业之一，2021年春季学期正式开班，面向全校本科生，开展创新创业管理教育，同步推进理论教学与实践教学，学生反响热烈，促进了学校、学院创新创业教育层次的提升。

助力搭建四梁八柱，育人体系不断成型；教学改革打通第一、二课堂，知行合一服务学生成长；运筹帷幄管理，布局脚踏实地；以身作则投身"三全育人"，言传身教倾注管理学子。姜忠辉用行动告诉我们，"育人无小事，管理见真心；纵使开头难，心坚必实现"。

服务育人：在平凡中书写别样青春

——记管理学院"管·家"宿舍长服务团队

"管·家"宿舍长服务团队是管理学院开展"三全育人"工作的重要抓手，是贯彻落实立德树人根本任务的基层执行者。该团队主要由学生党员或入党积极分子骨干组成，在平凡的生活中彰显敬业奉献、团结友善、忠诚爱国的精神内涵，是打通学院学生工作"最后一公里"的重要组成部分；曾作为学院"服务育人"模块代表，在"'伴·铸人'三全育人"颁奖典礼上领奖，获得老师和同学的肯定。

在这里，有这样一群可爱、可靠、可信的年轻人。他们与同学朝夕相伴，与室友成长发展，为学院工作"保驾护航"。他们执着、坚守，同时又温馨、周到。他们有一个共同的名字——"管·家"宿舍长服务团队。

一、思想淬炼、忠诚爱国，甘当老师同学"代言人"

学生党员是高校党建工作的重要力量。"管·家"宿舍长工作坚持以党建为统领。为进一步深化学院党建工作，提高基层党建工作和育人工作成效，管理学院以学生宿舍为基本单位，选派优秀学生党员或入党积极分子骨干为宿舍长，实现学生宿舍党性教育全覆盖。多年来，学院坚持党建"双联系"活动，深入学生宿舍，与学生交流谈心，开展"青春心向党，建功新时代"系列活动，呼吁广大青年学生不断提高党性修养，为实现中国式现代化贡献青春力量。

有这样一个典型宿舍：宿舍成员不仅积极向党组织靠拢，在学期间，宿舍三名成员成为党员，一名成为入党积极分子；同时学习成绩优秀，学术成果丰硕，实现全面发展。现在宿舍四名成员，一人硕博连读，一人外校申博成功，另外两人分别踏上高校教研、行政岗位，彰显出海大研究生群体的积极风貌。这就是南区 5 号楼 206 宿舍（研究生）。

在宿舍长的带领下，他们一起学好党史，用党的创新理论"滋养"初心、"浇灌"使命，积极参加学院组织的党史知识竞赛与宿舍文化节等活动，从百年党史中汲取智慧和精神力量。在学习与生活上，宿舍长主动了解每位舍友的发展规划，在宿舍营造浓厚的学习氛围。如舍友参加学术会议或求职面试前，他们会一起讨论服装的选择，共同演练答辩的内容，互相扮演"刁钻"的提问者，提升彼此的应变能力与心理素质。另外，他们还高质量完成学院与老师安排的各项任务，发挥师生间的桥梁纽带作用，努力提高学院"三全育人"成果实效，不断提升综合素质。

二、吃苦耐劳、务实创新，争当学院工作"排头兵"

"有爱就有你，有管就有家"是"管·家"宿舍长服务团队坚持的工作理念。疫情三年，促使高校学生工作模式发生转变，其中学生工作管理由传统模式向人本社会模式转变、学生工作形态从真实空间向虚拟空间转变、学生工作手段从多方协调向集中管理转变。而这也为学院学生工作带来众多挑战。对于宿舍长群体而言，他们应充分发挥吃苦耐劳、务实创新的工作精神，更多地为同学服务，为学院排忧解难。

在南区 9 号楼 206 宿舍（本科），四名成员以"勤于学习、自觉锤炼"为准则，在思想、学习、实践等方面共同进步，现宿舍四名成员均为党员，获校级奖励三项、院级两项，宿舍建设成绩突出。

2020 年春季学期，因为疫情学生居家隔离，学习以线上方式进行，但网络无法隔断情感。他们一方面积极落实属地政策，另一方面加强感情交流，通过线上沟通不断加强彼此间的情谊，如互相远程视频祝福、宣传疫情防控政策等。同时，线上课程会出现网卡、麦损坏等多种问题，因此漏听知识点、不能及时反馈老师提问的情况多有发生，他们便在课上相互督促和提醒、课后共享笔记，查漏补缺，努力创造良好的学习环境。

返校后，随着学院疫情防控工作要求的逐步调整，他们自觉遵守校规校纪，每日坚持宿舍通风消毒与体温测量，提醒舍友每日上报，定期整理内务，参加核酸抽检，主动关心舍友心理健康情况等，为学院精准化防控工作的开展提供基本保证。与此同时,他们还积极参加学院组织的各项赛事。在智营销大赛中,组成"乐陵富硒金丝小枣"小队报名参与比赛。在赛前准备到比赛获奖的整个过程中,大家分工明确,前期通过问卷等多种形式做好市场调研,中期为金丝小枣制作"3.8女神节""小枣的前世今生"等多种主题专属宣传物料,后期结合调研情况、销售数据等为乐陵小枣设想未来发展路径。线上的智营销大赛使宿舍成员交流的频率不断增加,并且萌生了日后宿舍要继续一起参与比赛的想法,争取一同成长进步。正是凭借着吃苦勤奋的精神,该宿舍在取得骄人成绩的同时,也为学院工作贡献了力量,最终形成共赢的局面。他们希望 206 的精神能够影响更多的学生!

三、专业赋能、团结友善,勇当服务发展"领头雁"

"从实践中来,到实践中去"是"管·家"宿舍长服务团队坚持的服务导向。他们引领宿舍成员深入实践增长才干,专业赋能助力乡村振兴。学院通过暑期"三下乡"活动,将社会实践与农村实际相结合,帮助青年学子进一步了解乡村发展需求,增强社会责任感;同时发挥青年学生专业特长,为农业农村现代化贡献力量。北区 17 号楼 1-302 宿舍是落实上述要求的典型代表。该宿舍成员由农林经济管理与农业管理专业研究生组成。其中,有学生党员四名,入党积极分子两名;两人曾担任学院兼职辅导员,两人为主要学生干部。

2021 年暑期,在宿舍长的带动下,宿舍成员积极响应,所组成的团队为校级专项重点团队,赴山东省临沂市开展调研学习。他们以党史学习教育为出发点,呼吁青年党员不忘初心使命;以乡村振兴调研为着力点,运用专业知识,做到知行合一。此次活动收到临沂市学联学生会等组织的实践反馈证明三份,被《大众日报》《齐鲁晚报》等 10 多家媒体宣传报道,被人民资讯、中国研究生招生信息网等数十个网站转载;实践成果获国家级、省级、校级荣誉,校级层面奖励实现了"大满贯"(优秀成果奖、优秀团队奖、优秀个人奖、优秀指导教师奖),项目结项报告获 2021 年全国"三下乡"社会实践优秀调研报告(全国共 110 篇)。

通过上述活动，全体宿舍成员就如同上了一堂深刻而又难忘的"体验式思政课"，在深刻认识与感悟沂蒙精神的同时，将红色精神薪火相传，爱党、爱国、爱人民，争做有情怀、有信仰、有追求的新时代大学生。同时，他们进一步坚定了学农、爱农、涉农的理想信念，坚守为农初心使命，以强农兴农为己任，进一步发挥专业优势，努力打造乡村振兴智力新"引擎"，为脱贫攻坚与乡村振兴有效衔接贡献海大力量。

有一种平凡可以书写隽永，有一种平凡可以创造辉煌……"管·家"宿舍长服务团队正是通过生活与学习中的点点滴滴，将同学与老师的事情放在心头上，落在行动上，是学院"三全育人"综合改革工作阶段性成果的缩影。着眼未来，在党和国家迈向新征程的道路上，他们定会踔厉奋发、勇毅前行、团结奋斗，为推进实施新时代党建领航工程、新时代奋进海大工程、新时代创新海大工程、新时代卓越海大工程、新时代幸福海大工程建言献策，努力成为堪当民族复兴重任的时代新人。

组织育人：党建业务深度融合，组织育人扎实推进

——记管理学院"组织育人模范"会计学系教工党支部

管理学院会计学系教工党支部深入学习贯彻习近平新时代中国特色社会主义思想，紧紧围绕落实立德树人根本任务，结合支部工作实际，在党建业务深度融合方面进行了探索和实践，以"提升党建水平，强化学科建设"为工作主线，着力打造党建工作特色和党建品牌，充分发挥党支部的战斗堡垒作用和党员的先锋模范作用，全面提升党支部党建工作水平，把组织建设与教育引领结合起来，推动党的组织优势转化为育人优势，在课程、科研育人方面取得了良好成效。

一、发挥党支部思想政治引领作用，探索课程思政，强化课程育人

管理学院会计学系教工党支部（简称"党支部"）将政治建设和思想建设放在首位，以学习习近平新时代中国特色社会主义思想和关于教育的重要论述为主要内容，以主题学习教育为工作重点，以党建与业务的融合为主要抓手开展党支部工作。通过集中学习、研讨、讲座等多种形式，深入学习《习近平谈治国理政》《习近平著作选读》《习近平新时代中国特色社会主义思想学习纲要》《国家中长期教育改革和发展规划纲要（2010—2020）》和习近平总书记重要讲话精神等，联系工作实际，深刻领会创新发展的重大意义，为推进学科专业建设工作奠定坚实的思想基础。

以党建带动业务，以业务强化党建。为进一步贯彻落实党和国家关于高等教育的重要部署，支部党员干部围绕课程思政重要命题，积极构建高水平大学会计学专业课程资源开发的"四维"导图和课程育人能力提升的

"三化"方略。"四维"导图包括：发挥特色研究优势，将营运资金管理等研究优势转化为特色教学内容，开发特色课程；发挥国际视野优势，优化"高级财务会计"等高阶课程，应对会计国际化挑战；发挥学科交叉优势，关注智能财务共享与智能风险控制等前沿领域，应对 AI 技术挑战；发挥创新能力优势，设置创新创业训练营、案例大赛、新苗工作室等教育载体，深化科研训练，丰富实践环节。课程育人能力提升"三化"方略，即通过强化特色思政元素提炼，将政府社会资本、儒家文化与会计审计行为等研究领域的创新成果转化为特色思政元素，增强学生对中华优秀传统文化和中国特色社会主义制度的自信心、自豪感；通过强化课程育人团队建设，吸收兼职教师、辅导员、企业家、校友等加入，将价值塑造与专业知识传授有机融合；通过强化名师示范引领，创新本科生导师制运作模式，将"创新研究项目"和"创业实践策划"两门课的课程指导教师与本科生导师制相结合，以前沿小班课和小组研学制的方式让学生接受专业教师的针对性指导，充分发挥名师的榜样力量，强化名师对课程资源开发、课程思政和育人团队建设的全方位引领作用。党支部积极带领教师申报国家级和省部级课题，建设了一批课程思政示范项目，如杜媛副教授结合党建与公司治理，带领团队申报国家社会科学基金项目"党建嵌入的中国民营企业治理机制研究"；王竹泉教授、房巧玲教授、逄咏梅副教授主讲的课程被选为"课程思政"示范课程等。

二、发挥党支部组织凝聚作用，搭建科研平台，打造育人品牌

党支部充分发挥组织凝聚作用，在教师党员群体中逐步凝练形成"科教融合、产教协同"的理念共识，将教学、科研、育人紧密结合，通过建设面向科学前沿的协同创新中心、面向重大需求的产教融合基地和面向专业前沿或交叉学科的联合实验中心，打造能够充分发挥资源整合和协同功能的育人平台。以产学研协同路径，扎根本土、面向国际，共建优质课程资源体系。推动科研反哺教学，开设特色课程，与海尔集团合作开设的"共赢增值表与智能风险评估""组织变革与商业模式创新"等课程，显著提升了学生的学习热情和获得感。

党支部带领党员着力打造的"科研育人"品牌，推动建设一批以特色优

势研究为依托、产学研相结合的合作研究与创新基地。党支部协同本科生党支部和毕马威党支部通过"三结对"的方式深化人才培养、数字化审计、ESG 会计审计前沿热点等领域的共建合作,进一步推进校企合作、产教融合,探索基层党建工作新思路、新模式。聚焦优化学生培养流程,将本科生课程论文、毕业论文等培养环节与科研能力的培养联系起来,重视学生学术写作能力的培养,鼓励学生积极撰写科研论文并投稿,取得了初步效果。聚焦课程创新,为高年级本科生开设"研究方法训练夏令营""创新研究项目"等课程的基础上,为学生提供"科研小助手"岗位,鼓励学生积极参与老师的科研项目,提升科研素养。鼓励广大教师积极承担地方企业委托的横向课题,在服务地方经济发展的同时,为学生提供了解实践、参与应用研究的机会。

三、发挥党员先锋模范作用,探索"党建 +"模式,开展"筑峰"项目

基于中国企业营运资金管理研究中心的前期积累和特色优势,我们不断探索教工党支部"党建 +"工作模式,以学科党员骨干带头开展"筑峰"项目,强调支部党建与业务双带头,建设师生参与、共同成长的科研、育人高地,将中国企业营运资金管理研究中心打造成党建、业务高质量发展的样板和典范,发挥辐射和带动作用。

党支部注重将"为师生办实事、为社会办好事"与教书育人、服务社会紧密结合,聚焦重点问题采取针对性举措,推进学科专业发展。一是聚焦推动产学研合作协同。通过"请进来"和"走出去"等多种途径积极组织产业界专家来校开展形式多样的讲座和交流,不定期邀请海尔集团、青岛地铁集团等知名企业的专家来校演讲和交流,拓宽学生的视野,取得了显著效果。党支部牵头每年定期举办中国资金管理智库高峰论坛,发布营运资金管理绩效排行榜,持续提升影响力和辐射面。二是构筑"党建 + 学研赛战"思专创融合全过程育人模式。党支部将调研企业具体问题作为科研、专业实践要求,将专业核心实践整合为赛事模式,每年定期举办山东半岛 MPACC 案例大赛,并组织学生积极参加全国 MPACC 案例大赛,为研究生和本科生

搭建了科研训练与实战竞赛的平台,使学生将所学理论知识和实践应用紧密结合。教师、辅导员、企业专家共同参与调研和大赛指导,并共同指导学生将项目在企业实战中落地,逐步形成"党建引领+专创融合"的"理论学习—企业调研—双创赛事—实战落地"的"党建+学研赛战"模式,将科学精神、团队协作意识融入创新能力培养,将敢闯会创和批判思辨能力培养融入大赛指导,将社会责任和专业报国的信念培养融入实践指导,取得了显著成效。

在党支部凝心聚力的组织引领下,近年来会计系教学科研水平不断提升,人才培养质量不断增强。支部党员骨干累计发表高水平论文60余篇(其中4篇被《管理世界》发表,实现我校在管理类A级期刊上的突破),2项成果被国务院发展研究中心采纳;编撰《营运资金管理发展报告》系列丛书(已出版17部,共2000余万字),组织开发中国资金管理智库平台等特色资源共享平台(累计访问量25万多人次)。会计学专业学生获省部级以上竞赛获奖数量提升近3倍,8名学生获ACCA全球统考内地(祖国大陆)单科成绩第一名,毕业生名校深造比例大幅提升近1/3,达40%以上。会计学专业入选首批国家一流本科专业,并成为全国会计专业学位教育质量认证A级成员单位(目前为山东省唯一入选),获得"数豆中国"2022年度财会育人奖。

育人成效

改革成效如何，关键要看学生群体成长发展的核心指标，大致分为三个方面：一是学风情况，包括学业警示人数（因成绩退学、肄业数），不及格率，升学率（含出国）和发表论文数等。二是参与专业赛事情况，包括参与比例、获奖情况、教师参与度等。三是就业情况，包括毕业去向落实率、职业路径分布、专业对口率及五年后发展轨迹及年薪情况等。以上大多数指标是在校内可以测量统计的。同时，也要看是否有突出的学生得到更高平台的认可。

　　学院通过2022年与2018年的数据比对发现，学生的各项核心发展指标均有大幅增长，达到历史峰值。通过育人环境的整体改善，优秀学生个体、团队不断涌现，实现了海大多个第一。他们的成长与改革的举措有较强的关联性，本章通过学生的分享感受侧面印证改革的成效。

实践育人：服务全球治理，展现海大风采

冯晓华，男，汉族，中国海洋大学管理学院会计学（ACCA方向）专业2018级本科生。曾两次获得学习优秀奖学金，获中国海洋大学"优秀学生"、社会实践"优秀个人"等荣誉称号，担任队长带领团队获"全国就业力大比拼"华北赛区决赛亚军。2022年1月至2022年7月，该生作为联合国国际志愿者赴斯里兰卡进行志愿服务，致力于推动2030可持续发展目标的实现和斯里兰卡的绿色经济转型。2022年被新加坡国立大学录取继续攻读硕士学位。

一、夯实专业基础，提升专业素养

进入大学校园之初，冯晓华在学校举办的以"培养国际人才"为主题的宣讲会上了解到，我国分担的联合国会费比例为7.9%，而中国籍联合国职员人数只占联合国职员数的1%。为响应国家向国际组织输送人才的迫切需要，成长为专业素养过硬、肩负家国情怀、具有国际视野的会计人才成为冯晓华的发展目标。

冯晓华迈向国际组织的第一步，是铭记学生本职，掌握坚实的专业基础，培养优秀的学习能力。在开学之初，通过全校范围内的选拔考试，他进入会计学ACCA方向（国际特许公认会计师）班学习。该专业致力于培养具备全球视野的会计人才。冯晓华学习态度积极端正，对自身学习有着严格的要求。他的大部分数理课成绩为95分以上，对数字有着良好的感知能力，为财会专业素养的提升打下了坚实的基础。要进入国际组织，突出的语言能力是必不可少的技能，因此冯晓华尤其重视英语学习，在Coursera获得多门英语课程证书，雅思首次考试获7.5分，排名位居内地（祖国大陆）考生前7%。

二、深耕专业实践，厚植家国情怀

为提前适应国际组织的工作环境，冯晓华学以致用，在商科实践中扎实

磨炼专业素养,在创新创业领域深耕。作为中国海洋大学代表队队长参与由特许公认会计师公会举办的"全国就业力大比拼",对商业案例公司的共享财务中心建设与运营情况进行诊断,结合数字化创新解决方案,针对信息标准化、组织结构重组、流程再造三大问题给出商业咨询方案,形成 24 页的商业咨询报告,获华北赛区总决赛亚军。在国家鼓励创业的背景下,他参与国家级大学生创新创业实践项目"酷熊儿童体适能培训咨询有限公司"。作为公司财务负责人,他经办公司工商注册、税务注册等事务,负责公司的纳税申报、日常事务运营,设计公司财务制度,撰写商业计划书,为公司申请了三项创业扶持与补贴,累计 10.5 万元。此外,冯晓华注重持续进行专业实习,曾先后于招商证券、信永中和会计师事务所、中路财产保险有限公司进行实习。

三、投身志愿服务,拓展国际视野

2021 年,冯晓华参与由中国青年志愿者协会与联合国志愿人员组织共同开展的服务联合国机构项目,经过学院、学校、联合国相关机构的多层选拔,在众多候选人中脱颖而出,作为学校首位国际志愿者,赴斯里兰卡参加联合国开发计划署进行为期 6 个月的志愿服务。他的志愿服务事迹被《青岛早报》《青岛晚报》《半岛都市报》及中国青年志愿者公众号等进行报道,参与中央电视台《开讲啦》节目录制。

冯晓华服务于联合国开发计划署环境与气候变化团队,团队工作围绕自然、气候与能源三大核心进行。其实,这些领域对于冯晓华来说是陌生的,但他并没有退缩,而是勇敢地开始了在陌生环境从事陌生工作的冒险。冯晓华担任项目协调助理,作为项目经理与外部各方利益相关者沟通的桥梁,为各项目实施和运营提供支持。具体工作内容包括三个方面:其一,协助国家自主贡献(NDC)、绿色经济等政策宣传活动的实施(NDC 指根据《联合国气候变化框架公约》缔约方会议相关决定,提出的各国应对气候变化的强化行动和措施);其二,协调处理来自联合国其他团队的请求,例如为其他需要气候、能源、环境等方面专业知识支持的团队匹配具备相应专业能力的项目经理以提供支持;其三,为团队内部的会议以及相关活动提供素材与资料。

在服务期间,冯晓华深入参与环境与气候变化团队各项目的实施与运营。在斯里兰卡与中国共同参与的南南合作项目中,他通过协调中斯双方项目团队,促进沼气、太阳能和生物质能在斯里兰卡的应用,推动斯里兰卡农工业向可持续能源利用过渡;在生物多样性金融项目中,通过与住宿业、旅游业中小服务提供者进行密切沟通,缩小斯里兰卡生物多样性保护的财务缺口。截至目前,冯晓华撰写了多篇新闻稿,两篇宣传文章《A Win for Nature - Investments Across the Island for Biodiversity Improvements》《Early Action and Early Warnings Save Lives》发表于联合国开发计划署官方网站。

在斯里兰卡服务的 6 个月里,冯晓华亲历了斯里兰卡发生的政治经济危机,目睹了物价飞涨、能源危机、社会混乱等问题将斯里兰卡人民置于水深火热之中。这给他带来了极大的震撼与触动。他在深刻反思的同时也积极行动,与团队成员一起尝试用金融工具帮助斯里兰卡人民摆脱困境。尽管囿于工具的局限性,在推进过程中遇到了非常大的阻力,但他和同事们仍然不懈努力,为缓解斯里兰卡危机贡献自己的力量。一次会议令冯晓华印象非常深刻,团队领导人对同事们说:"Now, the country is counting on you。"他感受到了斯里兰卡人为了拯救自己国家肩负的责任感与使命感,而自己也深受鼓舞,更加坚信了这份工作的价值。

这段经历重塑了冯晓华对自己人生价值的定位,他希望毕业后能够继续从事为弱势群体和全球问题贡献力量的职业,因此选择了攻读可持续和绿色金融专业硕士,希望能充分利用自己在会计金融领域的知识,继续参与应对全球气候变化的工作中,For the one and the only earth。

服务育人:用钻研创新精神寻找突破,
用爱人助人之心服务他人

张潇,女,汉族,中共党员,中国海洋大学管理学院会计学(ACCA方向)专业2018级本科生。连续四年担任班长,获评中国海洋大学本科生最高荣誉文苑奖学金、"优秀学生标兵";多次获国家奖学金、杰出学生奖学金、校一等奖学金、校社会实践奖学金;被评为山东省"优秀学生"、山东省"优秀毕业生"、校"优秀团干部"、校"优秀学生干部";曾获"ACCA全国就业力大比拼"全国总决赛季军,"挑战杯"中国大学生创业计划竞赛国家级铜奖,全国大学生数学建模竞赛山东赛区二等奖等;已保研至清华大学经济管理学院攻读硕士学位。

一、试积跬步成千里

2018年来海大前,张潇认为自己的状态可以用"灰头土脸"来形容。刚刚经历了高考的"滑铁卢",没达到心仪学校的会计专业的录取线,在其他同学的喜报和庆祝声中,她陷入深深的自我怀疑中。幸运的是她通过了海大ACCA方向班选拔考试,如愿进入会计系学习。但高考的阴霾依然挥之不散,大一上学期学习"Python程序设计"时,张潇发现自己虽然能听懂课上所学,但上机操作时题目的难度比课上所讲高很多,有时候两个小时的上机课她一道题都做不完,这令她慌张不已。

从"灰头土脸"到"一地鸡毛",张潇在茫然无措中提醒自己"静生定,定生慧,慧至从容"。她积极与老师、父母、学长学姐进行交流,给自己制订了详细的每日计划,兼顾学业、实践活动与班级工作,通过画思维导图、归纳整理考点和错题、广泛阅读课外材料,一点点构建自己的知识体系。马广林老师在"管理咨询"课堂上曾经告诉同学们,"所谓困难的学科,只是因为没有静下心来好好下功夫,如果能持续、恒久地思考探索,就没有想不明白的道理"。于是张潇抛开杂念,早上不到六点就起床跑步,吃完早饭去教学区读英语,然后进入一整天的学习。当她忘我地投入学习时,大脑被"这门课的知识框架我厘清了吗?""那道题为什么我第一次没有做出来?"等思考填满,曾经因迷茫而产生的负面情绪也慢慢消失了。科学而专注地学习让她在期末考试中得心应手,大一上学期就取得了平均分95分的成绩,"Python程序设计"课程也取得了班里最高分。

从迷惘到自信平和,这段经历帮助张潇构建了自信心。在之后的科研、竞赛、保研等挑战中,每当她再次迷茫无措陷入自我怀疑时,便会静下心来,制订计划、全心投入,也终于一次次取得了自己满意的成绩。大学四年间,她的专业成绩和综合成绩均为第一名,前3年平均分94.75,绩点3.95,连续3年获得国家奖学金。3年里总计获得5项国家级、4项省级、近20项校级奖项,并被顺利保研至清华大学经济管理学院攻读硕士学位。

二、遨游学海搏风浪

为了提高自己的科研水平并学以致用,张潇积极参与"践商研学"专业实践,寻求突破。她报名参与学院"新苗计划"科研小助手项目,加入王竹泉教授主持的国家社科基金项目组,作为案例论文合作作者,分析国企混改的资本配置、治理机制、异质性资本作用绩效,完成国有企业混合所有制改革的案例调查;她还自学实证研究方法,独立完成论文《纵向兼任高管与企业劳动投资效率》,为公司治理以及监管部门政策制定提供了新的视角。

2020年,她代表学校参加特许公认会计师公会举办的"全国就业力大比拼",紧张的赛程和繁重的任务让团队处于极大的压力中。张潇先询问有经验的学长学姐了解这项比赛,然后制订计划,组织队员从英语口语、演讲能力、逻辑呈现等方面进行训练,不断鼓励大家。最终团队在比赛中发挥稳定,一举斩获北京赛区亚军、全国总决赛季军,创造了海大学子参赛以来的最好成绩。同时,张潇在创新创业赛事中积极探索,在"挑战杯"中国大学生创业计划竞赛中担任队长,一开始项目在省赛阶段就被淘汰了,但她不气馁,和队员认真复盘、锤炼项目,最终柳暗花明,通过复活赛摘得国家级铜奖。这些经历让她认识到,过程就是结果,当我们把精力和重心都放在提高自己、把事情做好上,获得一个不错的结果,不过是水到渠成的事。

三、海纳百川济万物

在"政府及非营利组织会计"课堂上,姜宏青老师关于公益和助人的看法让张潇牢牢铭记,"一个社会的先进水平,不是由物质最优渥的那群人的生活水平决定的,而要看这个社会中最弱势的群体是怎么生活的"。老师的教导让张潇坚定了服务同学、服务社会的信念,她用行动诠释爱人助人精神,努力成长为德才兼备、具有家国情怀的人才。

同窗情,服务同学。张潇连任 4 年班长,在学院"三全育人"平台的支持下,班级发起"火种计划"创新立项,开展五育并举特色活动,全班共有13 名同学平均分在 90 分以上,六级平均 539 分,团支部获评"先进团支部"。大二下学期,班上有一名同学由于学习懈怠受到学业警示,张潇主动担任其学业朋导,认真开展帮扶工作。她首先和该同学交流了解考试未通过的原因和知识掌握情况,总结出三个影响成绩的问题:平日作业忘记提交、没有系统的时间规划导致复习时间不够用、重难点问题掌握不扎实。然后对症下药,督促其每天制订学习计划并打卡,期末复习时为其串讲重要考点。在她的帮助下,这位同学实现了全部课程零挂科,解除了学业警示,还养成了独立思考的学习习惯,以勤奋积极的姿态对待生活和学习,张潇也因此获评"公益助学之星"。

家国情,服务社会。服务国家乡村振兴战略,张潇加入中国海洋大学红旗智援博士团,深入乡村基层,用脚丈量祖国大地。走进荣成,寻究乡村振兴发展路径;探访蒙阴,探寻红色足迹;扎根乐陵,开展挂职锻炼,协助基层扶贫。作为博士团宣讲部成员,她多次参与红色文化宣讲、绿春扶贫宣讲,为精准扶贫和振兴革命老区贡献力量。在乐陵朱集镇挂职管区书记助理期间,张潇的一项工作是前往 5 个村庄调研 30 余位贫困人口的生活情况。在拜访一位独居老人时,老人对于他们的到来非常激动,十分热情地招呼、交流,在他们离开的时候独自站在门口目送他们,久久不愿离开。这段经历让张潇深深感受到老人平时的孤独和寂寞,意识到扶贫不仅要解决物质扶贫的问题,也要给予孤寡老人心理上的支持和实打实的陪伴。她把这些所思所想报告给镇长,并提出组织返乡学生慰问独居老人、通过邻里互动加强精神文明建设、赋予产品文化意义以实现"一三产业融合"等建议,获得了当地的认可。

四、心之所向必往矣

经过不断努力、求索,张潇收获了累累硕果,在学校评奖评优中脱颖而出,获得文苑奖学金、"优秀学生标兵"等中国海洋大学本科生最高荣誉。回望4年大学时光,张潇认为,比鲜花掌声、证书荣誉更重要的,是从海大的学习生活中不断汲取营养,培养健全的人格,磨炼顽强的意志,成长为内心更充实而丰盈的自己。是那些复杂棘手的难题、迷茫焦虑的日子,让她认识到自己的不足,激励她突破自我、勤奋钻研;是心心念念却未能得奖的遗憾、心愿破灭的挫败感,磨砺了她的心性,培养了事前全力以赴、事后顺其自然的从容心态;是教师言传身教的培养、辅导员无微不至的关心,给予她无穷精神力量;是和同学通力合作、互相支持的友情,让她成为更阳光温暖、具有正能量的人。

如今,张潇正在清华大学经济管理学院进行研究生阶段的学习,担任党支部书记,继续踔厉奋发、为同学服务。张潇会常怀一颗谦卑而好奇的心,在扎实积累中丰富自我,用钻研创新精神寻找突破,用爱人助人之心服务他人,牢记经济管理专业学生的使命!

资助育人：自强不息，励志科研

杨栋倩，女，汉族，中共预备党员，中国海洋大学管理学院工商管理专业 2019 级本科生，家庭经济特殊困难学生。曾获得校一等奖学金、校二等奖学金、中国银行自强大学生奖学金、天泰奖学金，获评中国海洋大学"优秀学生""优秀毕业生"。作为万骁乐老师新苗工作室的成员，参与一项山东省大学生创新创业训练计划项目，以导师第一作者本人第二作者身份发表 SCI 一区论文一篇，现已推免至山东大学继续攻读硕士学位。

一、成长，伴随迷茫与爱

2019 年夏天，怀揣着对大学生活的向往，杨栋倩走进了海大校园。刚入学的时候，她一直无法适应从高中到大学的转变。离家千里的思念，紧张繁忙的课程，理科学习到文科思维的跨越……接踵而至的问题让她应接不暇。在父母的教育和开导下，她确立了自己的目标和未来的方向：读研，站在更高的山峰看更美的风景。秉持初心，探索未知，踏实走出每一步。她认识了善良真诚的朋友，遇到了温柔博识的老师，拥有了认真负责的朋导。在他们的帮助下，她进入了自己喜欢的社团，掌握了高难度课程的学习方法，积累了大学生活的经验。当然，她认为最重要的是父母的支持和陪伴。他们尊重她的选择，也成为她做所有选择的坚实后盾。在经历迷茫失措后，她最终经一番努力在大一学年取得了不错的成绩，也逐渐可以驾轻就熟地应付学习、工作和生活中的各种挑战。

然而，时光总不遂人愿。2021 年 11 月，她的父亲确诊患白血病。治疗的两年中，她的父亲经历了化疗、高烧、移植、排异、感染等各种状况。回想起那段时间，杨栋倩表示："每次在清晨去医院，在黎明中迎接曙光，在前进中寻找希望，哪怕是在生与死的边缘，我们都从容不屈、默默承受。我的身体里流着父亲的血，如今我的血也流进了父亲的身体，我们互相救赎，成为彼此的光。父亲勇敢地抗争病魔，我学着他勇敢的模样，试图成为父母的依靠，也更加坚定了自己以后要走的路。"

二、热爱，就要全力以赴

科研之路始于兴趣，源于热爱，精于专注，终于坚持。2021年1月，杨栋倩与一群志同道合的朋友相约参加了学校组织的SRDP项目。由于团队成员都来自不同的专业，因此在刚起步时大家对项目的规划迥然不同，在不断地尝试感兴趣的研究方向、不断地争论、不断地推倒重来之后，她们确定了最终的研究框架。在项目中期，杨栋倩与其他成员对研究主题保持高度关注，对经典著作反复阅读，对经典文献再三揣摩，对领域代表人物及其观点如数家珍，纷纷结合自己的专业特色进行精且深地钻研，通过前期的经验积累，结合大量阅读高质量文献资料，用理论指导实践。在她们的共同努力下，2022年1月该项目升级为省级项目。开心之余，压力也陡然增加。但是杨栋倩始终坚信，"只要与队友鼎力合作，携手共进，一步一个脚印走好课题的每个环节，结果都不会太坏"。终于，2022年5月，杨栋倩所在团队顺利通过项目结项答辩，一张小小的证书承载了她们团队一年半的心血与汗水。在努力的过程中，杨栋倩也学会了不再追求即刻的满足，而是去获得真正努力过后的成就感。

2021年9月，杨栋倩通过学院"新苗计划"加入了万骁乐老师的科研团队，正式系统地接受科研培训。她刚把基础的理论知识学会，导师便交给她一个"难题"：尝试完成一篇关于区块链技术与供应链融合应用的研究文章。她形容当时的感受说："像是从爬直接到跑一样，确实很有压力。"但是通过反复阅读文献，与导师、学长不断交流打磨模型，她对文章的构思与规划也愈发清晰。努力就会有收获，论文得到导师和学长的正向反馈，三次改稿后被 *Applied Soft Computing* 录用。面对高山仰止的科研之路，杨栋倩表示，要始终保持对科研的热情。过往的科研路上，她经历过论文被退回反复修改的焦虑期，也尝到过观点不被认可的挫败感。但是面对困难，最好的方法就是迎难而上、积极应对。"遇事不要慌，失败是常态，成功是偶然。"这是她始终坚守的人生信条。的确，科研是很困难的，要保持热情。停滞不前的时候，她通常会通过运动排解不良情绪，与家人、朋友或导师倾诉交流。第一篇文章的发表让她有了信心，科研的热情也更加高涨。科研与她，相成相就，在未来，她将走得更加坚定。

三、出发，瞄准新的目标

2022年伊始，随着大三下学期的到来，班级的气氛显得愈发紧张。杨栋倩也开始积极准备保研的前期规划，根据学校、学科排名、地理位置，选择了几所心仪的院校。在专业选择方面，考虑到未来的生涯规划，她仍然将目标聚焦在企业管理专业。在保研过程中，杨栋倩认为最大的困难是心理压力的堆积，尤其是在学生和学校互相较势选择的背景下，"经管专业80％的录取通知书掌握在20％的人手中"。因此，她申请了10多个学校的夏令营，但最终只有4个能入营。每次掐着时间等待入营名单，结果发现没有自己名字时候的焦虑难以形容。要克服这种压力不太容易，只能想着"下一个学校一定有"聊以慰藉。然而，夏令营的面试结果像入营结果一样不尽如人意，她只拿到一所学校的录取通知书。乌云总会消散，当一个人真正下定决心时，耀阳也将为她颔首。在半年准备期和正式夏令营的战场里，失意和焦虑仍是主旋律。但那时的杨栋倩更能沉心静气，她收拾心情，重新开始，着手准备简历等一系列材料，浏览学长保研成功的经验帖；补充专业方面的相关知识，准备面试过程中可能用到的英文素材，总结夏令营期间的面试经验……终于，她拿到了心仪的录取通知书。

当下的糟糕只是黎明前的黑暗，所有经历的苦难都会是未来惊喜的伏笔，花会沿路盛开。这些经历让她更加坚信，只要脚踏实地、艰苦奋斗、行而不辍、不弃微末，一切美好的东西都能够被创造，所有向往的远方都可以抵达。保研是第一个远方，也是第二个起点，杨栋倩表示，"前方的路还有很长很长，我将充分利用这几个月的缓冲期学习专业知识，阅读经典文献，保持积极状态，以梦为马，以星为炬，心无旁骛地奔赴下一场山海。"

心理育人：纵然海浪宽，仍恋小溪潺，在西部边疆传递建设祖国的接力棒

依腊，女，傣族，中共党员，中国海洋大学管理学院工商管理专业2017级本科生，家庭经济特殊困难学生。曾任团支部书记、学院党建工作室党务部副部长、学校就创中心校企联络专员，获社会实践奖学金、学习优秀三等奖学金、德才奖学金、"海之子·行远"优秀毕业生奖学金及"优秀学生""优秀学生干部""优秀团员""优秀团干部""优秀毕业生""山东省优秀毕业生"等荣誉称号。2021年7月通过云南省定向选调考试进入沧源佤族自治县市场监督管理局工作。2022年3月在勐董镇帕良村驻村，任村委会主任助理，曾在市委组织部、县委组织部跟班学习。

一、来自大山的一滴水，被海大拥入怀中

依腊的求学经历不太平坦。她出生于普通的农民家庭，父母仅有小学文凭，家里有姐妹三人；家乡在云南省西双版纳勐腊县，曾经是一个国家级贫困县。在党和政府给予的政策帮扶与关怀下，她得以圆梦大学。然而天意难料，升入大学后，她的家庭却又遭变故，原本就贫困的家庭又负债累累。作为家里文化水平最高的成员，她早早成为家里的支柱。家人的情绪需要她安抚，法院的事故纠纷需要她处理，同时她还需要顾着学业……似乎祸不单行是一种定律，各种苦难蜂拥而至，喧嚣着要压榨她所有的时间与精力。但她自强不息、百折不挠，在学院教师、同学的帮扶与支持下迅速调整身心状态，学习成绩一直在班级名列前茅。

依腊立足学业，全面发展。她自入学时就积极申请并成功担任团支部书记，期间牵头组织班级、团支部各项创新活动，带领班级、团支部获评"先进班集体""先进团支部""雷锋团支部"等。此外，她作为负责人开展的暑期"三下乡"项目顺利结项，团队撰写的《青岛养老趋势调研报告》为所调

研养老院的未来规划及服务改善提供了重要依据。在担任学院党建工作室党务部副部长期间,她协助学院党务工作办公室审核并修改了 100 余名同学的党务材料。

大学 4 年,也是依腊不断回馈学校和社会的 4 年。作为一名少数民族家庭经济特殊困难学生,依腊在大学里获得的各类奖助学金,让她的日常学习生活得到保障,这也让她始终心怀感恩。她积极参加学业帮扶活动,主动帮助同学顺利通过困难科目考试;作为朋辈导师,她耐心细致地为学弟学妹解答学习、实践、职业规划等方面的问题,并获评"优秀朋辈导师"。作为中国海洋大学就业指导中心校企联络专员,她协助企业和单位在学校顺利完成 30 余场招聘宣讲会。此外,她还积极参加各类志愿服务和勤工俭学活动,累计服务 420 余个工时;利用课外时间完成刀笔油画 60 余幅,通过义卖方式为希望小学捐赠爱心基金;组织参与心愿直通车募捐活动,帮助 200 余名山区儿童完成心愿。

二、被滋润过的这滴水,最挂念的是家乡

在担任校企联络专员和校外实习期间,依腊认识了很多企业 HR,获得了如中海地产、海信集团等企业的 Offer,企业也都给出诱人的薪资报酬,但她始终放不下她的家乡,放不下那片她热爱的土地。对于毕业后的发展规划,她有自己的理想和坚持——接受高等教育的目的不是为了摆脱贫困的家乡,而是为了帮助家乡摆脱贫困。因此,她希望用自己所学服务基层、奉献青春。经过努力备考,依腊通过了云南省定向选调考试,被沧源佤族自治县市场监督管理局录用。

沧源佤族自治县是位于云南省临沧市西南部的一座边陲小城,与缅甸接壤,道路闭塞。依腊深知边疆条件艰苦,但作为一名少数民族学生,她甘愿与广大青年干部一样,扎根基层,奉献基层,给基层带去发展新思想、新理念。疫情防控常态化下,边境防控情况特殊,她与所有基层干部一样,扎起篱笆,封住小道,为国守门,为家把关,用热爱助力边疆,用责任守护家园,诠释着"党的光辉照边疆,边疆人民心向党"的政治情怀。

三、回到家乡的水滴，投入基层服务洪流

2021年8月19日，习近平总书记给沧源佤族自治县班洪乡、班老乡边境村老支书们的回信引发了热烈反响。作为一名刚到沧源入职的大学毕业生，依腊同阿佤人民一样激动不已，她备受鼓舞、倍感欣喜，牢记习近平总书记的殷殷嘱托，立志要同大家一起继续服务好、团结好当地群众，让阿佤人民永唱新歌。

2022年3月，依腊开始了基层服务工作。驻村期间，她在村里爬过坡、踩过泥、摔过跤，尝遍了酸甜苦辣，这些滋味深刻地让她领悟到"基层工作怎么干、乡村振兴怎么搞、老百姓们怎么才能过上好日子"的要义。

初到帕良，这里天气晴朗、风景如画，各种作物在田间地头奋力生长。当天，热情的村干部便骑着摩托车带依腊穿梭在各个小组之间，向她一一介绍5个村民小组。此后，她和队友便常常在这5个村寨穿梭，记录着村情、村貌和群众心声。这些日子里，他们走过平坦的硬板路，在刚下过雨的田地里摔过跤，爬过摩托车都上不去的小坝子，还和农户家养的狼狗斗智斗勇。同时，他们也吃过地里生火现烤的肉，摸过刚出生的小奶猫，和劳作后的群众在田埂边把酒言欢，得到过大哥大嫂的感谢，听过父老乡亲的心里话……这些经历让她的驻村生活充实且多彩。现在，她把帕良当成了她的第二个家，一步一个脚印，在走村串户中与群众打成一片，村民对她也更加熟悉和亲近。

在"厕所革命"中，她和队友苦口婆心地向村民介绍政府的补贴政策，并将砂石材料送进各村各户，村民逐渐从"不理解，不拥护"向"我支持，我带头"转变。在"绿美村庄"行动中，他们带头种树、扎篱笆、插花苗，让村庄道路两旁长满了绿树和鲜花，老百姓也开始自发装饰庭院。在防止返贫动态监测工作中，他们与群众围坐在一起，了解群众的衣食住行，问支出、问收入，看猪圈、瞧鸡圈，核查落实低保、养老保险等各种补贴的情况。在村情调研工作中，通过一家一户查阅资料和入户访谈，最终形成实打实的数据，让她对本村总体情况有了更加详细的了解。1年中，她的手机相册里的内容由原先的美食美景自拍逐渐变成了大棚里奋力生长的绿色果苗、织锦的

阿孃、叼烟袋的慈祥老奶奶、晾在院子里金灿灿的玉米和猪圈里埋头干饭的小猪,这些照片都是让她真实感到幸福的记录。

入职一年多,依腊一共经历了4个不同的岗位,接触了形形色色的人,对阿佤人民的了解也更加深入。可以说,她打心底里喜欢上了美丽的阿佤山和善良的阿佤人民,他们热情淳朴、知足常乐。面对这群可爱的人,她为之动容,并将一直为"阿佤人们永唱新歌"的目标而奋斗。

网络育人:学思创践协同发展,追光而遇,沐光而行

陈可菁,女,汉族,中共党员,中国海洋大学管理学院财务管理专业2019级本科生。曾任中国海洋大学学生会主席,获国家奖学金、学校杰出学生奖学金,美国大学生数学建模竞赛 Honorable Mention、全国大学生"智营销"大赛三等奖、山东省大学生英语口语竞赛三等奖;校"优秀团员""优秀团干部""优秀学生""优秀学生干部"等荣誉称号。参与共青团中央"中外大学生社会实践周"活动,实践事迹被《大众日报》等媒体报道,个人获评山东省"三下乡"社会实践"优秀学生",现已推免至中山大学继续攻读硕士学位。

一、遇见光

一座身处北方的海滨城市,却有着南方的温暖与细腻,这是陈可菁对青岛的初印象。

2019年夏天,她第一次踏上这片陌生的土地,走进海大校园,红瓦黄墙的浪漫和绿树成荫的秀美都让她感到新奇。但除了对即将到来的大学生活的期待外,她更多的是感到无措与迷茫,不知道什么是绩点,从未听说过素质综合测评,"保研"也只是一个从别人口中说出的词。大一时的她,总是忙着在迷雾里寻觅,眼前的那一层雾却好像怎么也拨不开,不算突出的成绩、难以平衡的院学生会和校学生会工作、跟风报名却发现并不适合自己的ACCA周末班……大一学年结束时,惨淡的综测成绩和因此错失的奖学金评选资格更是给她带来了巨大的落寞,她像一只无头苍蝇一般四处碰壁,不知道前方的路在哪里。

雨果曾写道:"人生困苦历尽,还未泯灭希望;哪怕长夜漆黑,也将升起太阳。"越是至暗,越要活出一束光。终于,她在大二时遇到了大学生活的第一束触手可及的光——一位同在校学生会的学长。看着学长在优秀学生

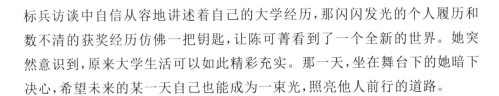

标兵访谈中自信从容地讲述着自己的大学经历,那闪闪发光的个人履历和数不清的获奖经历仿佛一把钥匙,让陈可菁看到了一个全新的世界。她突然意识到,原来大学生活可以如此精彩充实。那一天,坐在舞台下的她暗下决心,希望未来的某一天自己也能成为一束光,照亮他人前行的道路。

二、追逐光

从那以后,"成为一束光"便像蛰伏在陈可菁心中的一个梦,她一直把它放在想象中的山顶上,并努力地靠近。

她不再将自己局限于一方天地中,而是积极地探索自己未涉及的领域。党史知识竞答、"星火"领学员,她在学思践悟中坚定理想信念;参与 SRDP 技术转移引导专项和"中国上市公司资本风险与财务调查"项目,独立撰写并发表实证论文,她在潜心学习中坚持知行合一;担任迎新志愿者、"云支教"志愿服务,她在点滴小事中践行服务宗旨。通往山顶的路并不轻松,但老师、同学以及学生会伙伴们的帮助和鼓励都给了她继续攀登的勇气。

然而,不是所有努力和付出都能收获立竿见影的回报,陈可菁还清晰地记得自己第二次落选国家奖学金的那天晚上,"我在宿舍楼梯间哭得稀里哗啦的,那是我第一次对自己产生了巨大怀疑"。但她也明白,人外有人,天外有天,既然是心之所向,又怎能轻易放弃?或许正如那句话所说,"每个优秀的人,都有一段沉默的时光。那段时光,是付出了很多努力,却得不到结果的日子,我们把它叫作扎根"。

三、成为光

经过数次挫败和打击后,如今的陈可菁已经可以坦然地说出那段不尽人意的过去,"'黑天鹅事件'一直是我大学生活的高频词,虽说'黑天鹅'会带来难以预测的负面影响,但有时我们或许确实要通过一些'黑天鹅事件'来认识自我"。

人生没有白走的路,每一步都算数。陈可菁在海大的最后一段时光里,曾经埋下的种子,定下的目标,终于开花结果。她以专业第二的成绩顺利获得了中山大学会计专硕的录取资格,以另一种方式实现了自己高考前的梦想。同时,她成功竞选成为校学生会主席,用剩余的大学时间继续投身于她所热爱的学生工作，为学校的发展贡献自己的力量。作为中国学生代表，她在共青团中央"中外大学生社会实践周"活动中面向外国留学生讲好中国故事，传播黄河文化，获评山东省"三下乡"社会实践"优秀学生"。2022年10月，陈可菁获得全校仅10人名额的杰出学生奖学金，而这无疑是对她一直以来不断努力的最高肯定。评选结果公示的当晚，陈可菁坐在书桌前长舒了一口气。"未来已来。"她在心里对自己说。

回想起这一路的经历，陈可菁一直在追寻着自己的光，殊不知在一次次挫败和收获交替之间，她已然实现了那时在舞台下许下的承诺，成为别人眼中的一束光。

四、散发光

因为看见过光，所以想要成为一束能够照亮他人的光。陈可菁知道自己的成长是建立在无数人的善意之上，也深知走错一步路后的痛苦与挣扎。因此，她和舍友一起在"OUC思源"公众号上投稿保研分享贴，将自己整理的专业课学习资料无偿分享给学弟学妹，并热心解答他们在专业学习和保研方面的问题，希望可以为学弟学妹提供力所能及的帮助，以自己的星星之火映亮他人远方的夜路。

对学生会的工作，陈可菁也努力站好自己的最后一班岗。近4年的时间里，她参与举办思想引领、校园文化、朋辈交流等各类活动上百场，覆盖2万余人次，在丰富校园文化氛围的同时也号召同学在身体力行中实现全面发展。在学校第十九次学生代表大会中，作为大会组织者，她实地了解广大同学切实需要，落实提案调研，当好学生与学校之间的桥梁纽带，校学生会的学生满意度也由95%提升至98%。

从遇见光、追逐光到成为光、散发光，陈可菁始终在变与不变的洪流中找寻自己、成为自己。有一首诗这样写道："纽约比加州时间早了三个小时，但加州时间并没有变慢。每个人都有自己的发展时区，身边有些人看似走在你前面，也有人看似走在你后面，但每个人都有自己的时区和步程。你没有落后，你没有领先，在命运为你安排的属于自己的时区里，一切都准时。"

只要明天还会到来，陈可菁就不缺乏继续前行的勇气，即使是阴天也没关系，因为她早已成为自己的光。

组织育人:做朋辈的良友与榜样,助力同学共同成长

陈佩瑶,女,汉族,中共党员,中国海洋大学管理学院财务管理专业2019级本科生。曾担任团支部书记,3年综合测评总成绩排名年级第一,连续3年学业成绩排名专业第一,3年来思想政治素质、发展性素质、科学文化素质、综合素质均为优秀。曾多次获国家奖学金、山东省"优秀学生"、山东省"优秀毕业生"、青岛市"千名优秀大学生"、校一等奖学金等;获中国海洋大学"优秀学生干部""优秀团干部""优秀学生""优秀团员""助学公益之星"等荣誉称号;获山东半岛MPAcc案例分析大赛一等奖,带领团队获全国大学生数学建模竞赛山东赛区三等奖、青岛市统计建模大赛一等奖。现已获得清华大学推荐免试研究生录取资格。

在中国海洋大学"海纳百川,取则行远"精神的教育下,在管理学院"三全育人"试点平台的培养下,陈佩瑶努力成为一棵富有生命力的树——茁壮成长,卓越领航;热忱助人,摇动一方。

一、茁壮成长,卓越领航

想要向上生长,必先向下扎根。3年来,陈佩瑶在思想政治、发展性、科学文化、综合素质测评方面成绩均为优秀,她连续3年学业成绩、综合成绩排名专业第一,3年学业总成绩、综合总成绩排名年级第一,为管理学院近10年来"八项第一"的第一人。因此,陈佩瑶连续3年获得国家奖学金,获评山东省"优秀学生"、山东省"优秀毕业生"、青岛市"千名优秀大学生"。

格物致知,求索真理。陈佩瑶学习扎实,力求成为一名专业素养过硬、知识结构多元的海大人。为了通过那门挂科率极高的核心专业课程"财务会计",陈佩瑶从图书馆开馆学到闭馆。最终,她如愿在这门挂科率极高的

课上得到了唯一的 90 分以上。

最开始陈佩瑶的学习也是比较机械的，但她逐渐认识到，专业的学习并非简单的知识接收，在"精"也在"思"，需要在交流提问中碰撞出思维的火花，需要在学思践悟中感受知识的真谛。陈佩瑶非常喜欢和老师、同学交流问题，每一位老师、每一位同学都有自己独到的见解，这样彼此之间都能够有收获。在老师的指导下，陈佩瑶和同学组队参加了省级创新创业训练计划等科研活动，参与了 MPAcc 案例分析大赛、建模竞赛等，并斩获佳绩，着力探索如何将专业知识付诸社会实践，真正成为"实践、实用、实干"的管理人才。陈佩瑶也明白，蜷缩在一隅眼界断然不会宽广，自己的专业格局还是存在太多的不足，因此她参与牛津大学的暑期项目，"走出去"发出中国学子之声，"返回来"将所学投入我们自己的建设当中。

基于过硬的知识储备，研究生推免过程中，陈佩瑶入营清华大学、北京大学等顶尖学府。为进一步在管理领域深耕，她最终决定前往清华大学攻读硕士，实现从优秀到卓越的跨越。她深知，真正将所学反哺社会，自己还有很长的路要走。她会在攻读硕士研究生的过程中，努力将本科所学进一步升华，发出自己的那份热和那份光。

二、热忱助人，摇动一方

在党组织先进思想和海大师长的引领下，陈佩瑶看到了奉献和帮助的真谛；而在个人能力有了质的飞越之后，她更加有信心奉献双手和真心。作为同年级第一批正式党员，陈佩瑶把"一棵树摇动另一棵树"书写在行动中。3 年多来，她在多个岗位上逐步实现了从"摇动另一棵树"到"摇动一片树林"。

身为一名共产党员，扎扎实实做好学生干部的工作，是陈佩瑶持之以恒努力的方向。她曾在宿舍长、朋辈导师、学习委员、团支部书记等多个岗位上历练过，自己进步的同时更带动他人前进。她曾经担任南区 9 号楼 222 宿舍长，全体宿舍成员都成为党员、主要学生骨干，全部保研。她任学习委员期间，班级获学风建设绩效考核年级第一。作为学业朋辈导师，她帮扶挂科同学 6 人次顺利通过考试，6 次考核优秀。令人印象十分深刻的是，作为高年级朋辈导师,陈佩瑶协助的一位学妹在刚入学时非常不适应大学的生活方式和学习模式,在期中考试中多门不及格。她就和学妹聊生活中和学习上的事,并将自己手中对学习有帮助的资料都给了学妹,最终帮助学妹实现了期末零挂科,并2次获奖学金。担任团支部书记以来,陈佩瑶也尽力在团组织中做好本职工作,带领支部获评"先进团支部"。现在,陈佩瑶继续在党员工作站站长和党支部组织委员的岗位上发光发热。

做朋辈的良友与榜样,助力同学们共同成长,不论是雪中送炭抑或是锦上添花,陈佩瑶都希望自己这棵小树在给予他人乘凉荫蔽的同时,更会产生摇动他人、共同进步的力量。

追求卓越,努力汲取养分,刻苦学习,让陈佩瑶有了扎实过硬的知识根基,这是成就感的来源;摇动他人,积极向阳生长,主动助人,让陈佩瑶更加坚定理想信念,这是获得感的意义。怀抱梦想、脚踏实地,陈佩瑶将持续奋斗,在激扬青春、开拓人生、奉献社会的进程中书写无愧于时代的篇章!

课程育人：以专业为基，以实践为桥，在科研中行远

王湉，女，土家族，中国海洋大学管理学院旅游管理专业2019级本科生。担任班级学习委员，管理学院2020级新生朋辈导师。曾获校一等奖学金、鲁信奖学金，获评中国海洋大学"优秀学生"荣誉称号。在全国世界遗产保护提案大赛、"挑战杯"课外学术科技作品比赛和"尖锋时刻"全国酒店模拟大赛中，作为队长和主要成员分别获得全国二等奖、山东省二等奖和全国一等奖等奖项。本科期间参与蔡礼彬老师本科生导师工作室，发表CSSCI期刊论文两篇。

一、在课堂中成长

《南渡北归》曾是王湉高中时期最喜欢的书籍，书中描绘了抗战时期流亡西南的知识分子与民族精英多样的命运和学术追求，也描绘了她对于大学课堂所有的憧憬。然而，真实的课堂并没有她想象中的纵横论道、捭阖逐巅，管理学专业知识的晦涩难懂、微积分试题的灵活跳跃、行远书院课程的繁重复杂……这些都让初来乍到的王湉一度陷入了迷茫，她迫切地希望找到一个方向。在那个充满疑问的学期里，旅游学系裴丹老师的"旅游美学与景观鉴赏"是王湉最喜欢的课程，在自然风光与人文建筑中遨游的轻松时光能让她暂时忘记现实课业中的烦恼，去思索和实践一些看似"无用"的事情：为小组作业创作一组小提琴曲、为制作美学画报跑遍青岛老城区拍摄照片、花费近一个月的时间修改了三遍课程论文等。正是在这个过程中，王湉开始慢慢享受在美学与景观中的思维碰撞，也开始慢慢认识旅游管理这个专业。而真正的改变是在"旅游美学与景观鉴赏"课程结束的那一天，裴丹老师给全班同学留下了一段她至今难以忘记的祝福："景观是一本大书，美学是一扇窗户。娱人，娱己，欣赏，创造。愿你永不忘记阅读这本大书，愿你

永不关闭这扇窗户。"王湉眺望教室外飘飞的雪花,内心却盈满了炽热的感动,那一刻,所有的"无用"都显得"有用"了起来:她开始理解大学的生活应该是"认清生活真相之后依然热爱生活",应该是"既要仰望星空更要脚踏实地",应该将重心聚焦在日常生活的每件事上,在对未来抱有想象和期待的同时,更努力地做好眼前事、过好当下的生活。春季学期开学后,王湉开始主动申请参加课题组研讨活动,积极尝试科研,并作为管理学院"新苗计划"的一员参与旅游学系张生瑞老师主持的"黄河流域文化旅游地域差异及影响机理研究"项目,负责山西省旅游资源建库与评价工作,她的快速学习能力和信息搜集能力也因此得到了锻炼。同时,王湉也掌握了 SPSS、Atlas. ti 等数据分析软件,为后来参加科研项目与学科竞赛打下了良好的基础。

二、在田野中思考

2020 年夏天,为参加第十届全国大学生世界遗产保护提案大赛,王湉带领队友前往位于湖南省湘西土家族苗族自治州的老司城遗址展开田野调查。在旅游学系老师的指导下,王湉多次与队友商讨,提前完成了研究方向确认、文献综述、调研与访谈设计等工作,并在老司城遗址核心区进行了为期一周的调研。第一次田野调查中,王湉遇到了许多的困难,炎热的气候、崎岖的山路、简陋的住宿条件以及村民的方言在一开始为访谈造成了较大的困扰,但随着调研的深入,朴实且热情的村民为调研团队提供了许多无私的帮助,也使得访谈工作渐入佳境。老司城遗址悠久的历史与当地村民淳朴的民风使王湉意识到遗产地可持续发展的重要性,也启发她在竞赛中运用社区参与理论,因地制宜地为本地村民设计了一套具有土家族特色的文化遗产活化方案,希望为当地旅游可持续发展提供一定的参考。最终,王湉所带领的团队凭借着详实的调研数据、精彩的提案内容以及沉着冷静的现场发挥在中山大学的决赛赛场上获得了评委老师的肯定,获得了全国第二名的好成绩。

第二年夏天,王湉前往广西壮族自治区黄姚产业区管委会文化与旅游部进行实习,参与了黄姚古镇创建国家 5A 级景区的旅游规划与建设工作。

为期近两月的景区实习与田野调研于她而言,既是发现真理的过程,也是丰富完善人生知识体系和价值体系的宝贵经历。从小生长在繁华都市中的她,在黄姚古镇的小天地里看到了与课本中描写的完全不一样的乡村,看到了乡村居民在建筑艺术乃至日常生活中的智慧,也看到了基层政权与乡村居民在旅游开发中的博弈纠纷。一个个真实的人与一段段或动人或苦难的乡村故事改变了她的刻板印象,让她明白了"从最顽强的事实出发,发现并试图解决真实问题"的重要意义,更激发了她要探索"更真实的世界"的决心。

三、在科研中行远

时间转眼来到了大三学年,繁重的课程与各类保研升学的事让她有些应接不暇。凭借着在广西黄姚古镇收集的田野调查数据,王湉利用假期与课余时间完成了自己第一篇"正经"的学术论文撰写,并投稿到第四届国家公园与可持续旅游学术研讨会暨《旅游科学》2021年会。年会承办单位《旅游科学》杂志是国内旅游学界最为权威的学术期刊之一,连续入选国内三大核心期刊评价体系,王湉明白这是一次非常重要的展示自己的舞台,也明白其中巨大的困难。出乎意料的是,她抱着试一试心态投递出的论文通过了《旅游科学》编辑部的严格遴选,成为从全国几百份会议投稿中脱颖而出的27篇稿件之一。

2021年10月16日至17日,王湉应约前往上海师范大学参加《旅游科学》年会。本次会议邀请了来自复旦大学、南京大学等11所高校的12位嘉宾做精彩演讲,同时也邀请了27篇文章的作者在分论坛进行了学术汇报。作为本次论坛中年龄最小的受邀汇报人,也是唯一的本科生,她仔细聆听了同论坛中各位专家、博士生、硕士生的汇报,望着复杂的数据与前沿的研究方法,心中不免对自己的文章有些不自信。但当她流畅地汇报完自己的研究后,各位专家认真犀利却又和蔼可亲的点评让她瞬间打消了顾虑,也让她第一次感受到了科研的严谨与乐趣。更令人惊喜的是,该研究以新颖的研究方法和扎实的数据资料、理论联系实践的扎根精神获得了在场专家的一致认可,最终成为9篇获得"优秀论文奖"的文章之一。会议结束后,王湉根据专家的意见对文章进行了多轮修改,最终正式发表于《旅游科学》

2022 年的第 2 期。这一次完整的科研经历不仅让她深刻意识到了科研道路上不断思考的重要性,要用知识和行动连接有情有义的地方,更让她明白:"冒险不是非要去往目的地,启程只是为了拥抱更多的可能性。"

  以专业为基,以实践为桥,王湉积极参与科研项目、锻炼科研能力,为开展学术研究打下了坚实的基础,而她在大学四年学习到的旅游行业前沿理论与先进思想,也更加坚定了她为推动旅游可持续发展做出贡献的愿望。未来,相信王湉将会在科研大海中行稳致远。

文化育人:博士智援,不骛虚声

马贝,男,汉族,中共党员,2014—2016 年硕士就读于中国海洋大学农村与区域发展专业,2016—2022 年博士就读于中国海洋大学农业经济管理专业,现任河南商丘师范学院讲师。

他,不忘初心,勇担时代之责,创立红旗智援博士团,助力老区脱贫攻坚;多次带队开展实践调研,撰写调研报告,用所学帮扶老区发展振兴;开展红色文化宣讲,传承红色基因,带动更多青年投身老区脱贫攻坚战;积极投身抗击疫情志愿服务第一线,用行动彰显当代青年学子的使命与担当。马贝于 2020 年荣获第十五届"中国大学生年度人物"荣誉称号。

身为彩虹,不一定要照亮天空,艰难困苦,玉汝于成。凭着实干精神,他不断突破自我,创造新的辉煌。他以勤奋书写优异,以坚实的脚步,踩住掉在地上的时光,以竿头百尺,换取更上一层楼。苦涩的泪水带不走执着的追求,他把跋山涉水的激情挥洒在风雨相随的漫漫征途。让喧嚣走远,让心灵沉寂,他用执着跟随梦想一路向前。

一、心怀天地:坚定求学路

2014 年,马贝初入海大。满腔热血的他,怀揣着从专业知识出发服务农民群众的梦想走上了读研的道路。他选择的方向是农村与区域发展专业,这是他感兴趣的方向,因为作为一名土生土长的农村人,他想通过努力钻研知识去做真正有益于农业发展的事情。

正式步入研究生生活后的他,除了上课,就是在图书馆自习室埋头苦学。有同学说:"时常看见他一边蹙眉阅读,一边奋笔疾书,旁若无人的境界深深地震撼了我。"努力终有回报,最终马贝的学习成绩位列专业第一,荣获学业一等奖学金和"优秀研究生干部"等荣誉称号。当他在科研的道路上越钻越深时,心中就有了新的疑问:"农业经济管理专业的博士论文,研究方向到底应该是什么?"马贝回答不了,决定去向土地要答案。2016年,马贝与同学陈琦、张莹三人走进了素有"红色小延安"之称的德州乐陵,他们想看看这片曾用小米供养革命胜利的红色沃土,会给他们怎样的答案。然而没想到的是,尽管成片的枣林硕果累累,可老百姓竟然在温饱线上挣扎着,品质上乘的枣子大量滞销,不仅无法转换成经济价值,也带来了极大的浪费。这是他难以想象的事实。于是他有了答案——立志运用所学帮助老区改变现状。他希望了解农村发展的现实问题和农民的真正需要,将学术研究成果落地转化,为农民带来切实福利,承担起青年学子的责任担当。

二、学以致用:助力贫困区

心怀天地的马贝走出象牙塔,用先进的专业技术服务基层,也让自己收获了美好的人生际遇。在基层、在田野、在老百姓最期待解决的现实问题中,马贝找到了书本和实验室中"阳春白雪"的价值所在。所以,马贝选择了一线,选择了基层。

乐陵的问题对他的触动很大,所以他与陈琦、张莹两位党员博士二次奔赴乐陵,提出了成立"枣树集中化管理专业合作社"的方案,被当地政府采纳,这让他们备受鼓舞。当认识到大学生的专业实践能与国家扶贫工作同频、高校科研成果可以在老区落地转化时,马贝感觉到了自己的价值。他与陈琦、张莹倡导成立红旗智援博士团,自主研发"多维贫困因子介入诊断术",挖掘贫困地的关键致贫影响因素,提出精准扶贫方案。他们认为自身力量还是有限的,希望依托高校智力优势,号召全国有志于服务乡村振兴的高校青年,开展精准帮扶,真正将自身的学术研究、成长成才放到祖国发展、民族复兴的大格局中。

为帮助更多的贫困人口,马贝进行实地调研,了解到蒙阴、乐陵、临沂等贫困老区面临的困境:由于销售渠道单一、当地农户不善营销,农产品滞销严重。于是,他与团队运用所学知识,为贫困老区制订脱贫方案,针对"病因",开出了"药方",对接高校智力资源,派出"药丸",促进"药效"。在德州乐陵,他结合乐陵对人才的迫切需求,组织中国海洋大学 8 个学院的 13

名学子赴乐陵市朱集镇参加挂职实践锻炼,助力当地人才振兴。同时,他与博士团成员推动当地政府建立农业合作社,累计助力乐陵市朱集镇1131名贫困人口成功脱贫。在临沂罗庄区,他对接了中国海洋大学温海深教授的花鲈鱼科研团队,为当地引入花鲈鱼新品种,帮助农户拓宽了增收渠道。在红色革命老区蒙阴,他与博士团成员把营销蒙阴蜜桃作为比赛题目,组织了山东省商业实训大赛,号召全省市场营销专业学生参与。

在帮扶蒙阴的过程中,他被一心为民的村支书王书记所感动,被只有初中学历却紧跟时代潮流的蒙阴电商李大叔所激励,对勇于创新的淘宝皇后牛大姐感到钦佩……从一个个鲜活的案例中,他感受到的是无畏艰辛、勇往直前、与时俱进的沂蒙精神。在受到思想洗礼的同时,他把这种精神传递给了更多青年人。从2018年开始,他多次开展红色宣讲,用红色故事去感染青少年,将扶贫筑梦之旗插到更多青年学子的心中。在马贝与团员的共同努力下,博士团荣获"青年红色筑梦之旅"全国银奖、全国"三下乡"暑期社会实践"千校千项"最具影响好项目等奖项和"三下乡"全国重点服务团队、山东省青年担当好团队、山东省"三下乡"优秀服务团队等荣誉称号,有幸向时任国务院副总理孙春兰做汇报。博士团的事迹被《人民日报》、新华社等12家国家媒体,山东教育电视台、齐鲁网等10家省级媒体,《德州日报》、乐陵市新闻频道等12家市县级媒体跟踪报道,其中新华社报道单日浏览量超过110万次。

三、不忘初心:勇担青年使命

在抗击新冠肺炎疫情期间,马贝在做好科研的同时,积极投身于所在社区疫情处置和防控工作的第一线,每天早上8:00到下午5:30在当地客流量大、工作任务重的农贸市场值守,累计志愿服务240小时。期间,每天顺利完成各摊位工作人员和1600多位顾客的体温测量、信息登记等工作,及时将防疫知识宣传单发放到每个人手中,协助市场工作人员对市场内部进行全方位消毒,在岗期间各项工作均达到上级防疫部门的要求。此外,他还通过所在党支部为疫区捐款,充分彰显了当代青年学生的责任与担当。

2020年,突如其来的新冠肺炎疫情也没有阻止他与博士团助力国家脱贫攻坚的步伐。2月底,他与博士团成员便开启线上"问诊"云南省绿春县,通过微商营销、抖音直播等方式为国家级贫困县滞销农产品打开销路。同时,他发起并组织面向校内市场营销系学生的"智援绿春·线上助销"公益扶贫居家毕业实习活动,让学生运用专业网络营销与推广知识,助力绿春县精准脱贫。

马贝毕业后在河南商丘师范学院担任讲师,这是马贝的新起点,也是新征程。完成入职工作后,他对新学校的乡村振兴工作进行了全面的了解和学习。他积极参与了学校的扶贫项目,同时担任三创赛的指导老师,指导学生用自己的所学将论文写到祖国大地上,提升学生为人民服务、为社会做贡献的意识。作为红旗智援博士团的创始博士,他通过近四年的扶贫实践意识到:了解农村发展的现实问题和农民的真正需求,将学术研究落地转化,为农民带来切实的福利,才是最有价值的学术实践,更是新时代青年应有的责任担当。在未来,他将汇聚更多高校科研力量,对接社会实际需求,用自身所学服务社会发展,持续为国家乡村振兴战略贡献力量。

科研育人:扬帆起航,破浪前行

宋晓缤,女,汉族,中共党员,中国海洋大学管理学院会计学专业2019级博士研究生,师从王竹泉教授,本、硕、博均就读于中国海洋大学,成绩始终保持专业第一。她全面发展,综合素质突出,曾获本、硕、博国家奖学金,山东省高等学校"优秀学生"、山东省"优秀毕业研究生"以及校"优秀研究生干部""优秀团干部""优秀研究生""优秀青年志愿者"等荣誉称号,已全科通过注册会计师(CPA)专业阶段和综合阶段考试。

她在硕博连读期间发表论文10余篇,在管理类唯一A级期刊《管理世界》上发表论文两篇,主持并完成中央高校基本科研业务费项目一项。相关成果获山东省研究生优秀成果一等奖两项、三等奖一项,山东省高等学校人文社科奖一等奖,山东软科学优秀成果奖二等奖,青岛市社科优秀成果奖一等奖等,五个案例入选国家级案例库。

一、扬帆,默默积蓄力量

或许是由于对数字与勾稽关系的热爱,宋晓缤在中学时期就对会计这一领域充满向往。2013年,她坚定地选择了会计学专业,开始了在中国海洋大学的求学之路。在求学旅程中,宋晓缤勤奋肯学,不断攻克一个又一个学海中的关卡,持续成长与进步。

兴趣是最好的导师,凭借对数字的敏感与热爱,宋晓缤全心投入学习之中。在本科四年的学习中,她有多门课程获得满分,在大一学年就斩获了国家奖学金这一殊荣。海大浓厚的学术氛围、系统的培养体系以及老师的悉心教诲,让她获益匪浅。她谨记"精业博学、经世致用"的院训,始终对自己高标准、严要求,日就月将,实现学年专业排名三连冠。与此同时,她在班级和社团中也均有任职,学习、实践齐头并进,综合素质不断提高。

大三时,宋晓缤修读了王竹泉教授主讲的"高级财务会计"课程。王教授深入浅出的授课方式,让晦涩的高财知识变得通俗易懂,也激发出宋晓缤的学习兴趣与挑战精神,会计实务背后的会计理论引发了她进一步深化理论学习的想法。在认真拜读了王竹泉教授的论文后,宋晓缤认为资金管理有极高的研究价值与意义,她便十分希望能够跟随王教授进行资金管理方面的研究,为科研与社会贡献一份自己的力量。

收获时节,每一分汗水都付出得无比值得。大四上学期,凭借上大学以来不断学习、丰富自我的奠基,宋晓缤展现出超众的专业素养,以综合排名第一的成绩获得保研资格,并以推免考核第一名的成绩获得海大会计学硕士免试资格,成为王教授的学生。

二、起航,沉心砥砺奋进

王竹泉教授引领的中国企业营运资金管理研究中心,是中国会计学会设立的首个政产学研合作研究基地,2009年依托中国海洋大学成立。10余年来,该中心积极推进资金管理领域的政产学研协同创新,给众多研究生和本科生提供了良好的资源共享平台,宋晓缤也是受益者之一。从大四开始,她连续多年参与团队的标志性资金管理调查活动,耐心细致、孜孜不倦地探求资金管理中的学问,学以促用,不断深化理解与认识,为科研生涯打下坚实基础;宋晓缤还连续参与了资金管理智库高峰论坛的筹备工作,扎实的专业知识与严谨的思维逻辑让她工作起来得心应手。在中国企业营运资金管理研究中心的学习与实践中,宋晓缤希望能够在自己的研究领域内有所突破。

研二学年的国庆期间,既是财会专业研究生冲刺注册会计师资格考试的最后时刻,也是研究中心团队系列发展报告终校的关键阶段。一直以来,研究中心的传承、创新、协作精神给了宋晓缤很大鼓舞,她深知,作为团队的一分子,仅从团队中汲取养分是不够的,更应该发挥力量将团队建设得更好。于是宋晓缤主动请缨,投入书稿的校对反馈工作中,校对与复习两项工作穿插进行。书稿、红笔、盒饭,经过一个假期的奋战,发展报告顺利出版,凭借本硕阶段积累的扎实基础,宋晓缤也顺利通过了 CPA 考试。

三、破浪，逐梦星辰大海

在读研的初始阶段，宋晓缤对是否读博并未有明确的规划。但经过一段时间的学习后，身边越来越多的师友鼓励她在科研的道路上走下去。在研一暑假协助导师撰写山东省自然科学基金项目书并获得立项后，她逐渐开始建立起在学术道路上继续前行的自信。"科研本身就是一件能带来很强成就感的事情"，她渐渐坚定了自己的想法。幸运的是，宋晓缤在研二下学期顺利申请到了硕博连读的名额，继续跟随王竹泉开展研究。宋晓缤是一旦决定开始做一件事就要形成完整闭环的人，攻读博士学位亦是如此。虽刚着手准备，但宋晓缤对未来的学术生涯抱有积极的态度，并建立了明确的规划，凭借较强的执行力，她在博士期间仍然不断创造佳绩。

2019年，恰逢美国会计学会发布全球新兴学者论坛征稿启事，要在全球范围内遴选16位青年教师和博士生就前沿选题进行国际交流。刚刚拿到硕博连读资格的宋晓缤，在导师的鼓励下，决定挑战这个艰巨的任务。宋晓缤从经济活动分类视角对现金流量的信息含量进行了深入研究，在不懈努力之下取得了较大的创新突破，优秀的她不负众望，成为当年全球最年轻的入选者之一。耕耘终有收获，宋晓缤不言放弃、上下求索的精神使她不断成长。2020年，该成果成为校研究生优秀成果一等奖中的唯一文科成果，并获得山东省研究生优秀成果一等奖。

聚焦团队的研究方向，宋晓缤着重对短期财务风险评价体系展开深度思考，经过与导师组的多次沟通和交流，不断研究与推敲，逐步构建了存量与流量兼顾的短期财务风险综合评估与预警体系，持续打磨和完善论文。2020年，该论文被管理类唯一A类期刊《管理世界》录用。

四、前行，无限可能待续

从本科、硕士再到博士，宋晓缤始终坚守初心。在管理学院"三全育人"综合改革进程中，她一步步成长，相信十年来获取的能量，也将在潜移默化中激发她未来的无限可能……

管理育人:将论文写在祖国大地上, 将青春融入党和人民事业

中国海洋大学区域海洋经济发展规划与管理研究团队由 2018 级、2019 级和 2020 级企业管理、农业经济与海洋产业管理、农林经济管理、农业管理专业的博士、硕士组成。团队主要工作包括参与重大项目结题及新项目申报工作、协助撰写建议报告以服务沿海地区海洋事业发展、参加专业论坛并作学术报告、协助组织举办专业论坛和学术会议等。三年来,团队在 SCI、CSSCI 及核心期刊论文上共发表了 14 篇高质量论文,参加了 30 余项国家级和省市级项目研究,成功举办了多届大型学术论坛,并拿到了包括国家奖学金、校级奖学金等 20 多个奖项荣誉。

一、水积成川长才干,百川到海育团队

在学术带头人韩立民教授的引领下,中国海洋大学区域海洋经济发展规划与管理研究团队(简称"团队")以"以人为本、携手并进"为培养准则,关注基层一线,紧跟发展潮流,服务国家战略。在开展科研攻关时,团队始终坚持求真务实、产学研用,力争将论文写在祖国大地上,将青春融入党和人民事业。

书山有路勤为径,学海无涯苦作舟。在韩立民教授的大力支持下,团队形成了每周一次的小组例会与"有会必参加"的共识。每一次例会对于团队成员来说都是受益匪浅的学术盛宴,成员在这里进行思想上的碰撞与交流,分享学术成就与成果,慷慨解答学术中的疑惑与问题。在这里,以每一位成员的进步与成长为骄傲,以团队的总体荣誉为目标。在团队科研精神的熏陶下,团队成员变论文写作压力为学术兴趣与动力,张荧楠、康焱、刘新昊等同学确立了研究选题,撰写的学术论文发表在 SSCI、CSSCI 来源期刊上。业精于勤,学无止境。从 2018 年开始,在中国海洋大学海洋发展研究

院举办的每一场研讨会与人文讲坛中,都能够看见团队成员的身影。成员积极参会、虚心听讲、认真思考,不放过每一个学习的机会,合计参加学术会议超过 100 场。

跬步成千里,滴水终穿石。在不断学习的过程中,每一位团队成员的专业知识储备与理论思辨能力都得到了极大的提高,这对成员学术生涯的塑造起到了至关重要的作用。如果说个人的成长是团队的造就,那么团队的成就则是每一位成员努力的结果。2018—2020 年,团队协助组织"中国海洋经济论坛"先后在宁波、三亚、舟山等地成功举办。时光回到 2020 年的春天,为筹备在舟山举行的"2020 中国海洋经济论坛",团队成员从起草通知函、发送推荐表、整理回函、提交换届请示,到准备工作报告、表决文件,再到编写新闻稿、做学术报告,半年时间里,每一项工作都是成员凝心聚力、逐项攻克的。迄今为止,该论坛累计有近 500 名专家学者参加,得到了全国海洋经济方面的专家学者和与会嘉宾的高度认可,并为海洋经济的高质量发展以及海洋强国建设做出了实质性贡献。

二、披星戴月赴一线,严谨治学助科研

2020 年,为贯彻落实农业农村部等十部委《关于加快推进水产养殖业绿色发展的若干意见》要求,实现海洋水产业高质量发展,团队研究生成员依托黄海冷水团养殖开发加快建设青岛国家深远海养殖试验区,奔赴基层一线单位走访调查、实地调研,协助完成了《在青岛市发展黄海冷水团养殖,创建国家深远海养殖示范区研究》的成果要报撰写,并得到省部级领导批示。该成果不仅填补了我国在该学科领域的空白,还在一定程度上对山东省推行生态健康养殖制度、增加渔民收入、培养高素质的新型渔民政策起到促进作用,进而为全面推进我国乡村振兴战略贡献力量。

"路漫漫其修远兮,吾将上下而求索",这是团队成员张莹博士秉持的科研信念。海水养殖创新生态系统是一个因为缺乏数据而难以量化的领域,但对海洋产业发展规律的探索万不能止步不前。为了解答对于海水养殖创新生态系统演化规律的疑惑,张莹和徐杰博士通过阅读大量书籍、文献,自学掌握了质性研究方法,并在明波水产集团蹲守一个多月,获取了 10 余万

字的访谈资料,再结合理论学习和逻辑思辨,最终撰写论文《海水养殖创新生态系统的演化机理——基于核心企业视角的单案例研究》揭示了海水养殖创新生态系统的三阶段动态演化规律。该论文发表在《中国农村经济》(农业经济 TOP 类)期刊上,对相关理论创新和海水养殖创新生态系统实践发展均具有重要的指导意义。

三、学以致用落实处,力行求是为祖国

"民以食为天""为政之要,首在足食""手中有粮,心中不慌"……古往今来,粮食安全都是关乎国计民生的头等大事。为解决我国粮食生产体系面临的"地少水缺的资源环境约束"与"吃得好吃得安全"的突出矛盾,韩立民教授申请了国家社科基金重大项目"我国海洋事业发展中的'蓝色粮仓'战略研究"。项目研究期间,团队研究生成员心怀国家天下,力图将论文写在祖国大地上,辗转天津、辽宁、山东、江苏、上海、广西等主要沿海省市,行程数万公里,大量走访政府、企业以及海岛、渔村,只为践行好让我国居民"吃得好"的信念,让科研成果不仅服务青岛、服务山东的海洋经济大发展,还能真正应用到实现中国梦的伟大事业中。铁杵磨针,团队协助撰写了 40 万余字的调研报告与 60 万字的专著,此项目不仅顺利结项,还正当其时地为海洋强国建设中"蓝色粮仓"战略的实施提供了参考方略和行动指南。

为加快山东海洋强省建设,评估海洋强省建设自 2018 年以来的建设成效,并总结经验和不足,山东省委于 2019 年 12 月委托团队开展《山东海洋强省建设行动方案》实施效果第三方评估工作。在相关老师带领下,团队组成 9 个课题组,分赴省发展和改革委员会、省自然资源厅(海洋局)等省直部门开展评估,并扎根青岛、烟台、威海、日照、潍坊、东营、滨州 7 个沿海地市的基层进行深入调研。团队采用会议座谈、审核资料等方式,对方案中涉及的 10 大行动 178 项任务的落实情况进行了评估。调研评估工作历时 8 个月,完成了 5 万字的总报告和 12 万字的分析报告。一分耕耘,一分收获。评估报告获得了山东省委、省政府相关领导的重要批示,并受到省直有关部门的高度评价,不仅为建设海洋强省指明了前进方向,也为实现人民对美好

生活的向往做出了贡献。

为切实投身于祖国建设，2018届硕士毕业生张荧楠与康焱牢记为民初心，毕业后毅然决然奔赴基层工作。她们以振兴乡村、服务人民为使命，在工作中勤勤恳恳、任劳任怨，用无怨无悔的奉献精神与孜孜不倦的求索精神，为我国农村基层的舞台增添了一片独特的青春光彩。

一步一个脚印，团队新生代接过接力棒，将继续耕海踏浪、砥砺前行。奋楫扬帆新征程，每一位成员必将不负时代、不负韶华！

他山之石

教育部于 2018 年和 2019 年在全国先后两次共遴选了 92 个院（系）作为"三全育人"综合改革试点。试点院（系）依托各自积累和优势进行了卓有成效的育人改革探索，成立了协作组织，比如 985 联盟、知行联盟，互助交流，对于提升一线思政工作水平发挥了积极作用。中国海洋大学管理学院发挥区域领军高校优势，牵头成立山东省"三全育人"综合改革试点工作联盟，与其余七所试点单位共同为构建微观一体化的育人体系积累成功经验、探索有效模式；同时成立驻青高校商学院思政工作联盟，将探索形成的模式、举措分享给更多高校，以打造青岛商学院育人高地。

本章遴选了 10 个改革试点的典型案例，各具特色，期待能引发读者新的思考。

构建"三全育人"理念下的一体化实践育人模式

东北财经大学工商管理学院

实践育人是培养德智体美劳全面发展的社会主义合格建设者和可靠接班人的有效路径,在推动创新型人才培养、提升大学生思想政治工作质量、促进理论与实际有效结合等方面具有重要作用。目前高校实践育人中存在的普通问题是:实践环节与专业结合不够密切,没有在机制上打通第一课堂和第二课堂;实践育人重实践轻育人,特别是轻人生观价值观引领、没能建立有效提升实践育人效果的长效机制。东北财经大学工商管理学院聚焦立德树人根本任务,用实践育人融通第一课堂与第二课堂,融合校内教师和校外实践导师共育,融贯入学教育到毕业教育全过程,探索形成了"三全育人"理念下的一体化实践育人模式(图1)。

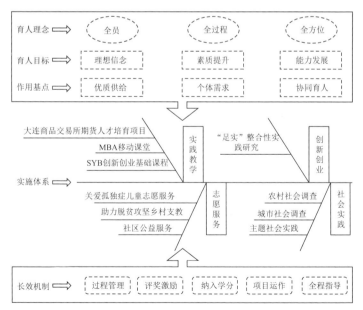

图1 东北财经大学工商管理学院"三全育人"理念下一体化实践育人模式

一、围绕人才培养,加强实践育人整体设计

学院实践育人整体设计立足新时代学生特点、工商管理学科特点以及实践活动规律,基于"三全育人"理念,从理想信念、素质提升、能力发展三个方面加强人才培养。首先,以理想信念为核心,引导学生扎根中国大地,全面真切地了解国情民情,在实践的过程中树立以人民为中心的价值追求。其次,以素质提升为基础,引导学生在社会实践的过程中磨炼精神品格,砥砺意志品质。最后,以能力发展为重点,引导学生理论联系实际,在实践的过程中利用所学、体悟所学、促进所学、锻炼能力、学习本领、增长才干。

(一)全过程递阶:将学生需求作为实践育人的出发点

学院构建了分层次、全覆盖、全过程的递阶式育人体系。针对低年级的本科生,设计社会调查、企业走访等项目;针对高年级的本科生,设计专业调研、创新创业、求职培训等项目,根据学生个人发展意愿有针对性地提供能力提升计划;针对研究生,设计科研实践项目,侧重其学术道德、科研精神、就业能力的培养提升;针对 MBA,设计移动课堂项目,通过到企业参观调研,深入了解企业文化、商业模式和行业特点。

(二)全员参与:将优质供给作为实践育人的落脚点

学院鼓励专业课教师将社会实践纳入教学设计,聘请思政课教师、辅导员作为社会实践过程中思政元素挖掘的指导教师,组建校外指导教师专家库,同时在实践育人中充分发挥朋辈力量,坚持赋能式成长导向,最大化激活学生主体活力。

(三)全方位配置:将协同育人作为实践育人的着力点

学院积极打造院内外实践育人共同体,加强与企业、基层社区、第一书记驻村点的合作,丰富社会实践的渠道、层次和内容;将实践育人作为学院"三全育人"综合改革建设的重点内容整体推进,学院团委、职业发展中心、创新创业教育指导中心、心理咨询中心等全面保障;各年级班级、党支部、项目组等形成立体支撑。

二、打造精品项目,贯通实践育人实施体系

学院立足实践教学、创新创业、志愿服务和社会实践四个平台,通过平台建设加强项目开发,通过精品项目促进平台发展,目前构筑了"四位一体"实践育人实施体系,孵化了9个实践育人精品项目。

(一)实践教学

1."SYB 创新创业基础"课程

"SYB 创新创业基础"是一门集课、训、赛为一体,以锤炼学生创新创业思维与能力、提升财商素养为目标,面向全校本科生开设的实践类课程,课程助力国家创新驱动发展战略,激发学生学习活力与主动性,引导学生关注民生、服务社会。

2.大连商品交易所期货人才培育项目

大连商品交易所期货人才培育项目是由工商管理学院联合大连商品交易所、天风期货股份有限公司、大连美明博思教育科技有限公司加强产教融合、共同打造的育人项目,通过前置期货教育,培养具有现代市场风险管理意识和高度社会责任感、熟悉期货市场的现代经济人才。

3.MBA 移动课堂

MBA 移动课堂是学院与科大讯飞、海尔大学、京东集团、阿里巴巴等国内名企联合建设的 MBA 培训实践基地,以加强 MBA 实践教学,通过资源共享、技术共建、人才共育的创新人才培养模式,帮助学生了解企业文化与商业模式。

(二)创新创业

"足实"整合性实践研究活动自 2011 年开展,由暑期整合性实践研究、"足实"答辩赛、"大创计划"研究等系列活动组成,形成了"师生互动选择参与主题→深入企业进行调研→双导师指导团队合作形成专业成果→小组答辩完成成果转化"的有机链条,创新打造了"3+2+2"模式,即学校、企业、学生三方参与机制,社会环境和学校环境相互促进机制,学校教师和企业导师共同指导机制。优秀实践成果可以转化为本科毕业设计,也可进一步孵

化为国家级、省级学科竞赛项目,打造了"顶天立地"式的实践育人模式。

(三)志愿服务

1. 关爱孤独症儿童志愿服务

2015 年开始,学院在大连爱纳孤独症障碍者综合服务中心设立活动基地,学生与自闭症儿童一起参与社会适应和实践类课程,进行志愿服务,发挥学科优势开展创新实践性爱心义卖。

2. 助力脱贫攻坚乡村支教

2018 年,学院赴锦州义县大定堡乡石桥村(学院驻村书记联系点)进行精准脱贫调研帮扶活动,签署了《"院村结对共建、服务农村基层"战略合作协议书》,共建党员文化活动站,随后学院学生利用暑假期间连年进行乡村支教。

3. 社区公益服务

学院本科生党支部在黑石礁尖山街社区设立了党员服务站,定期进行社区清扫活动,宣传垃圾分类知识,关爱孤寡、独居、高龄老人,志愿协助人口普查工作;新冠肺炎疫情防控期间,8 名学生参加了所在社区的疫情防控志愿工作。

(四)社会实践

1. 社会调查活动

针对本科生大一、大二年级开展农村、城市调查研究。学生利用暑假,结合"三下乡"等活动,通过实地走访、访谈、问卷调查等方法开展调研,形成专业调研报告。社会调查活动纳入学生培养方案,对优秀调研报告进行表彰。

2. "青春与祖国同行"主题社会实践

学院开展"青春与祖国同行"主题社会实践活动,如"组织学生重走复兴路""走近中华传统文化""走进美丽和谐新乡村""走进东北振兴",将其打造为"行走的思政课"。

三、增强育人实效,构建实践育人长效机制

学院实践育人工作由院团委牵头统筹,各项目根据实际特点打包交给不同管理团队实施项目化运作。同时,职业发展中心先行提供个性化咨询和指导,增强实践育人的精准化;心理咨询中心对学生在参加活动过程中可能出现的应激反应等全程介入,确保实践活动取得预期效果。每个实践项目都由宣传动员、前期培训、指导讨论、经验分享、答辩验收等环节组成,指导教师和管理团队全程融入,加强过程管理,对在活动中出现的问题和好的做法及时发现、及时总结,实现动态考核、动态调整。社会实践纳入学生学分体系,学院从人才培养方案着手确立实践育人的重要地位,每年对实践成果加强评比表彰力度,针对优秀的项目成果组织专家跟踪辅导、跟进实践,加强成果转化,通过成果展示、优秀团队展示、感人事迹展示等,在学院营造实践育人的良好氛围。

育人成效:

(1)"SYB创新创业基础"课程获评首批国家级一流课程。

(2)实践育人教学成果获评辽宁省教学成果一等奖。

(3)依托"足实"整合性实践研究项目获评辽宁省党建工作成果奖。

(4)建设期内,学院立项了70余项整合性实践研究课题,孵化了"大创"国家级立项7项,省级立项15项,160余人次学生在"挑战杯""互联网+"等高水平赛事中荣获省级以上奖项。

(5)实践成果获评"挑战杯"红色专项赛国家三等奖、"最具感染力奖"及"三下乡"全国重点团队。

(6)获评大连市青年志愿者行动优秀组织和行动优秀项目。

(7)获评大连市大中专学生暑期"三下乡"社会实践活动"优秀团队"。

(8)实践过程中的企业访谈、田野调查等为学院的科学研究提供了大量的一手数据和案例,基于此完成了10余项社会课题,在服务东北振兴战略、对接服务县域经济、助力脱贫攻坚等过程中发挥了坚实作用。

(撰稿人:王 玮)

以"影子校长"为核心的一体化沉浸式教育行动

华东师范大学教育学部

百年大计,教育为本。在全面建设社会主义现代化国家新征程中,党和国家事业发展对高等教育的需要,对科学知识和优秀人才的需要,比以往任何时候都更为迫切。习近平总书记在清华大学考察时指出,我们要建设的世界一流大学是中国特色社会主义的一流大学。建设一流大学,关键是要不断提高人才培养质量。要想国家之所想、急国家之所急、应国家之所需,抓住全面提高人才培养能力这个重点,坚持把立德树人作为根本任务,着力培养担当民族复兴大任的时代新人。

一、案例背景

回答好"培养什么人、怎样培养人、为谁培养人"的根本性问题,是高校坚持社会主义办学方向,落实立德树人根本任务,培养符合党和国家需要的拔尖创新人才的重要前提。《教育部等八部门关于加快构建高校思想政治工作体系的意见》(教思政〔2020〕1号)中明确提出,健全立德树人体制机制,把立德树人融入思想道德、文化知识、社会实践教育各环节,贯通学科体系、教学体系、教材体系、管理体系。

作为"一流学科""A+学科"建设单位,华东师范大学(简称"华东师大")教育学部立足新时代,对标华东师大"育人、文明、发展"的使命和"建教育强国、以教育强国"的光荣愿景,从华东师大教育学科的育人传统和学科底蕴出发,思考如何为党为国培养拔尖创新人才。基于长期教育实践及育人传统,华东师大教育学部上下逐渐形成一致共识,即育人目标不能仅仅只停留在让学生思考和学会如何成长为优秀的教育人才或者优秀的人民教师的层面,而是要面向世界,定位一流,通过以教育专业素养为核心的综合能力素质的养成,培养"未来教育的引领者"。

"取法其上,得乎其中。"要让学生真切体会到成为未来教育引领者的意义和价值,从而树立成才报国的理想信念,并自觉转化为成为卓越人才的自觉行动,这才是作为新中国组建的第一所社会主义师范大学及"A+学科"建设单位的育人职责所在,同时也是为卓越教育人才培养提供精神动力的必由之路。

基于此,我们致力于发挥教育学科理论优势与实践应用资源优势,积极构建贯通第一课堂与第二课堂、理论与实践交互创生的沉浸式人才培养模式,并实施了"影子校长"教育行动。

二、项目做法

(一)实施"百日影子校长"行动,促使学生将知识学习与实际应用相融合,课堂内外、学校内外相互贯通

对于大学生而言,学习是首要任务。学习的路径不仅包括专业学习理论知识,也包括实际应用。学生只有带着从书本上学习到的间接知识,参与基层学校的教育管理和各项实践活动,在观察、研究、探索、实操中收获直接经验,在教师引导、朋辈交流、自我反思的过程中获得内省知识,从而将知识的科学性、规律性和应用性转化为基于专业而又超越专业的能力和智慧。

华东师大教育学部广泛整合教育部中学校长培训中心、上海市高级管理者发展与培训中心、上海市学前教育和特殊教育师资培训中心、学部校友会等丰富的校内外资源,构建贯通学前教育、中小学教育和高等教育各学段,涵盖普通教育、特殊教育、职业教育等各领域,包含 500 余所实践基地学校的"影子校长千校联盟"。以此为依托,学部每年组织学生与联盟学校的校长进行为期 100 天的结对。在此期间,学生作为"百日影子校长"前往实践基地学校,如影随形地在优秀校长身边学习,参与校长会议,参与处理学校问题,参与教科研活动,参与指导学生开展主题班会、社团活动、研究性学习,参与调查研究学校工作中存在的真问题。

项目要求学生在参加的过程中要完成"九个一"的任务,即设计或带教一次学生社会实践项目、开展一项课题研究、设计或带教一个学生创新创业项目、设计或带教一个学生社团、开展一次升旗仪式上的讲话、开展一次主

题班会活动、开展一次教师座谈、开展一次家访活动／家长会、撰写一份学校发展规划报告。学生通过参与学校工作会议，了解学校决策过程；参与学校具体工作，丰富和深化对领导素质的理解；参与学校教科研活动，发展课程教学领导力；参与指导学生开展主题班会活动、研究性学习、社团活动或社会实践活动，提升团队领导力；参与调查研究学校工作中存在的问题，提出解决方案，提高问题意识和问题解决能力。在"九个一"任务的完成过程中，教育学的理论与方法得以在实际应用中融会贯通，内化为学生的综合教育实践能力。学生基于真实应用情境对课堂知识和现实问题进行自觉反思，在实践和反思中提升批判意识和能力、创新意识和能力。

学生基于项目参与所产生的体会反思和调研成果现已整理形成了两辑《中国教育观察》，这是教育学子深入一线、扎根中国大地研究教育的直观成果体现。这些成果成为华东师大教育学科不同专业改进课程设置、课堂教学、研究设计、专业实践的切实依据，为学部大类培养改革和本硕博贯通培养模式改革提供了方向。

（二）组织"一日影子校长"观察活动，促使学生将理论认识与身体力行相融合，本科生与研究生教育相贯通

"纸上得来终觉浅，绝知此事要躬行。"学习的最终目标是将理论转化为方法、转化为行动、转化为德性。作为对"百日影子校长"活动的补充，学部组织学生开展"一日影子校长"观察活动，提升项目的覆盖面和育人效能。

每年暑假前夕，围绕教育，聚焦国家战略和社会民生，学部统一设计研究主题和调研方案，组织号召全体本科生、研究生利用暑假返乡契机开展广泛调研。在此过程中，学部组建由袁振国教授领衔的专家指导团队、以辅导员为主体的思想引领工作团队和以管理岗为主体的服务保障团队，确保项目的顺利开展，为学生开展实践提供全员、全过程、全方位的支持，实现了"课堂教学＋科研产出＋实践转化＋思想引领"的育人循环，构建形成了以实践育人机制为核心的科研育人机制、文化育人机制、管理育人机制、生涯导航机制多向协同和深度融合的"行走式"综合教育模式。

调研结束后，在专家团队的指导下，本科生、研究生共同参与数据分析、访谈整理，撰写研究成果。通过跨学段的学习—研究—实践循环，"一日影

子校长"观察活动打造了教师主导下学生朋辈互助式的教学新模式。学生的研究报告《今天中小学校长在想什么》《立德树人:跨越"知"与"行"的距离》等先后在《中国教育报》《光明日报》上全文刊登。每年的"一日影子校长"观察都成功斩获"知行杯"上海市大学生暑期社会实践大赛相关奖项荣誉。

实施"一日影子校长"观察活动,一方面增进了师生对教情、社情、国情的了解,提升了他们扎根中国大地开展教育研究的意识和能力,提高了学生的学习效率和社会情感、社会责任感。另一方面,落实落细的行动举措成功凝聚了学部上下"三全育人"的共识,并在积极行动的过程中不断完善学部"三全育人"的工作体系。

(三)开展"影子校长课堂",促使学生将价值认知与情感信念相融合、专业教育与思想教育贯通

知情意行相统一才能真正形成完整人格。在引导学生将理论知识运用于实践,在实践中加深对理论的认识的同时,学部还面向全体学生开展"影子校长课堂",通过邀请全国各地的实践型校长讲述学校工作、教育现状、教育改革进展等现实经验,邀请专家型校长讲述从教育理论到教育实践再到创生新的教育模式和理论的成长过程,提升教育学子用专业服务社会、贡献社会的价值感、荣誉感和使命感。

此外,学部还组织参与"影子校长"项目的学生开展经验分享会,回顾实践经历、展示实践成果,抒发基于真实体验而萌发的对教育事业的真挚情感,从而发挥较强的朋辈教育效能,在润物细无声中实现教书与育人的统一。"影子校长课堂"现已成为学部体认一线教育前沿、推进教师教育、深化师德师风建设、涵养教育情怀的重要平台。

三、项目成效

(一)立德树人成效凸显

6年来,600余名"影子校长"前往全国31个省、市、自治区,跟随优秀校长观察学习,参与"影子校长"相关活动的学生达1万余人次。为验证

项目促进学生成长成才的有效性,学部随机抽取 612 名学生发放问卷,对学生进行了不记名调查。结果显示,"影子校长"项目得到学生的高度认同,90%以上的学生认为参加"影子校长"及相关活动后,在社会责任意识、专业意识、领导能力、创新能力、实践能力方面得到了极大提高;同时,项目的实施也带来了课堂教学的反思和优化,"影子校长"使学生看到了教育专业中的真问题,带着问题意识和实践反思回归的课堂教学促进了教学相长。

有学生参加"影子校长"项目之后,在体会中谈道:"'影子校长'最吸引人的地方就在于能够让我们俯瞰学校。以前作为一个中小学学生,我们是局内人,看不清学校的整体面貌;后来,作为一个教育学专业的研究生,我们是局外人,理论与现实的差距,让我们看不懂中小学。又或许,将来成为一名教师,也只能从一个一线教师的视角从下往上看学校。幸运的是,我们现在就能接触校长,坐在校长的身边,观摩他处理各种事情,这是多么难得的一件事啊!我牢牢地记住了那句话,'莫把事情复杂化'。可以说,一校之长必须是一个优秀的决策者,正确的决策体现的是对学校发展方向的掌握。决策水平能够直接反映治校水平的高低。我在心里默默地对自己说'一定要多提高自己这方面的能力,积累经验,积极学习。'"

(二)获得社会广泛关注

2017 年 9 月 10 日,中央电视台《朝闻天下》栏目于教师节当天对华东师范大学教育学部的"影子校长"项目予以特别报道。

2021 年,由上海市教委牵头,以"影子校长"项目为原型拍摄的微电影《影子校长》获得由上海市委宣传部等举办的"走向我们的小康生活"第七届上海市民微电影(微视频)主题活动"教育专题奖"(唯一)。

各学科各专业的育人资源、育人队伍和育人平台,应建立"影子引领者联盟",创建"跨界引领者面对面""影子引领者话教育""影子引领者看未来"等新品牌、新活动,通过面向国家需要、面向民生关切、面向国际趋势、面向未来的跨界学习、跨界体验、跨界思考,帮助学生在形成卓越意识、世界眼光、远大志向的同时,牢固树立"两个维护""四个自信""四个意识",坚定为党为国成才的理想信念。

(撰稿人:沈　晔　白雪源)

以德立班，薪火相传

——华中科技大学经济学院"胡吉伟班"建设总结

华中科技大学经济学院

2001 年，华中科技大学经济学院 2000 级学生胡吉伟因抢救落水儿童而光荣牺牲。教育部、共青团中央先后授予胡吉伟"舍己救人的优秀大学生""全国优秀共青团员"等荣誉称号。2002 年 3 月，为纪念英雄人物、铭记英雄事迹，华中科技大学党委决定设立"胡吉伟班"。此后 21 年，华中科技大学经济学院坚持在二年级本科生班级中以答辩的方式择优评选"胡吉伟班"，每三年评选一次，已先后设立了八届九个"胡吉伟班"。这些班被誉为"立德树人的华中大样本"。

一、铸魂：以德立班薪火相传，党建引领班团共建

"胡吉伟班"始终坚持以德为先的建设标准。在评选标准中，有一条 21 年未变的要求，那就是"心怀祖国与人民，拥护党的纲领政策，有崇高的道德追求"。21 年的发展历程中，我们始终坚持发挥党建引领作用，教育引导学生树立崇高理想信念，涵养自身品德修为。从 2002 年第一届"胡吉伟班"评选成立后，就在"胡吉伟班"上建立起了"胡吉伟党支部"。"将支部建在连上"是发挥党支部战斗堡垒作用的优良传统。在高校，特别是在本科生中，要坚持将支部建在年级、建在班级上。"胡吉伟班"能够 21 年薪火相传，少不了一个强有力的党支部火车头。

我们建立了"胡吉伟党支部—胡吉伟班—胡吉伟团支部"的党建工作体系。"胡吉伟党支部"的党员在"胡吉伟班"和"胡吉伟团支部"担任主要学生干部，班级、团支部重要活动如奖学金评选、班委竞选、主题班会、主题团日活动、特色团日活动都由"胡吉伟党支部"把关和指导。除此之外，"胡吉伟党支部"还联合"胡吉伟班"开展思想教育类活动。2019 年 4 月，"胡

吉伟党支部"及第七届"胡吉伟班"的学生集聚青年园再次深入学习胡吉伟精神,共抒爱国情怀。2020年5月,"胡吉伟党支部"联合第七届"胡吉伟班"学生共同参与同电子科技大学机械与电气工程学院机械专业本科生第二党支部联合主题党日活动。2021年6月,"胡吉伟党支部"和"胡吉伟班"的学生一起开展毕业党课汇报,时任党委书记邵新宇寄语与会同学"做思想上的模范,言行上的示范,治学上的典范"。2021年11月,校长尤政同志参加"胡吉伟党支部"组织生活,听取"胡吉伟党支部"党建带班团建设工作汇报,给予高度评价。2022年4月,"胡吉伟党支部"同复旦大学经济学院本科生党支部开展联合主题党日活动。近年来,"胡吉伟党支部""胡吉伟团支部"也在同"胡吉伟班"一起成长:2018年,获评第二届全国高校"两学一做"支部风采展示活动特色成果奖;2019年,成功入选教育部第二批"全国党建工作样板支部";2020年,获评校"先锋党支部"一等奖;2018—2020年,获评校"先进基层党组织";2021年,获评湖北省高校"先进基层党组织"。"胡吉伟团支部"获2022年全国"五四红旗团支部"。

二、强基:潜心问学蔚然成风,躬耕实践激情盎然

在经济学院发芽生长的"胡吉伟班",每一届班级学生都将"明德厚学经世济民"的院训同胡吉伟精神相结合,继承胡吉伟学长的报国心、强国志,扎实推动班级学风建设和社会实践,矢志让每一位"胡吉伟班"的同学都能擦亮手中的"钢枪",走上祖国经济"主战场",为国家经济社会发展贡献自己的力量。

在"胡吉伟班",潜心问学蔚然成风。吉伟生前,就在班级设立了"互帮互助学习小组"。"胡吉伟班"充分发挥这一优良传统,延展出"兴趣小组""学风督查""线上约自习"等切实举措,不让一个学生掉队。历届"胡吉伟班"多次创造出大学四年课堂出勤率100%,四级一次性通过率100%的记录,连续20年被评为"校优良学风班"。好的班风学风营造了潜心问学的良好氛围。20多年间,"胡吉伟班"学子累计发表权威期刊文章4篇、核心期刊文章24篇,在省级及以上学科竞赛获奖52项。

在"胡吉伟班",躬耕实践激情盎然。"经世济民"的使命号召着"胡吉

伟班"学子深入社会开展实践调研和志愿服务。"胡吉伟班"连续 12 年开展爱心家教,关注农民工子女;先后为白血病患者募捐善款;第一届"胡吉伟班"同学在毕业 10 年返校之际,设立了胡吉伟奖助金;第三届"胡吉伟班"发起"情系灾区、义援郧西"爱心义卖活动;第四届"胡吉伟班"同学赴湘鄂闽调研少数民族地区精准扶贫问题,获得省优秀社会实践队荣誉;第五届"胡吉伟班"在四川雅安地震后发起募捐活动,长期定向资助受灾家庭学生;第六届"胡吉伟班"牵头的"心援队"坚持定期看望空巢老人,获得"省优秀志愿服务组织"称号;第七届"胡吉伟班"与随县国家电网"光满·爱心红丝带"党员先锋队结对,为当地脱贫攻坚贡献专业力量。

三、示范:典型引路以点带面,榜样效应成效凸显

在经济学院,学生进校之后认识的第一个学长就是胡吉伟。在每年的开学季,通过《新生手册》、军训绿茵场集中学习、开学典礼、院史馆参观,胡吉伟的基因融入了学院的血液中。在经济学院,"胡吉伟班"是三年一届。当得知新一届"胡吉伟班"将会在这个年级的班级中产生时,学生会非常激动和期待,个个"摩拳擦掌"铆足了劲头,希望能够拿到这一荣誉。而每一次的"胡吉伟班"评选,也是最让评委老师头疼的,因为每个班级的建设方案都很用心,成果各有特色。为此,每次评选过后,辅导员都会去安慰落选班级,"只要班级同学积极传承胡吉伟精神,咱们每个班级都是'胡吉伟班'"。这就是"胡吉伟班"的示范和带动作用。

在"胡吉伟班"典型指引下,经济学院各个班级都在向"胡吉伟班"看齐,在学院营造出"比学赶超"的良性成长氛围。历年来,学院学生提交入党申请书比例在 80% 以上,"优良学风班"比例在 80% 以上,2021 年更是大二年级到大四年级 100% 获评"优良学风班"。学院学子在科技创新方面也取得了骄人成果,2015—2023 年,参加美国大学生数学建模竞赛获奖 230 人次,参加全国大学生数学建模竞赛获奖 45 人次,参加全国大学生数学竞赛获奖 35 人次,参加"挑战杯""创青春""互联网 +"获奖 24 人次。近 5 年,学院本科毕业生深造率为 65% 以上,参加"大学生志愿服务西部计划"、选调生的人数有所增长;研究生就业率为 97% 以上,引进生、选调生、进重点国企就业人数增长明显。

四、延续:吉伟精神代代传承,着力培育时代新人

实践证明,历届"胡吉伟班"已成为教育引导学生的优质载体。历届"胡吉伟班"先后获得"全国先进班集体标兵""全国学雷锋示范点""全国活力团支部""省级先进班集体标兵"称号;涌现出省级优秀共青团员、省级优秀学生干部、校三好学生标兵等优秀代表。2018年,经济学院获评教育部首批"三全育人"综合改革试点学院,在传承胡吉伟精神的同时,我们也在思考如何在新时代构建以"胡吉伟班"为核心的班级建设样板,将思政工作优势继续转化为学生成长成才的动力。

为此,以第七届"胡吉伟班"为试点,我们进行了一些思考和延伸。我们聘请了院长张建华任班级导师,在学术前沿、科研竞赛、职业发展等方面定期与学生沟通交流。张老师牵头建立学术研讨交流班、线上学术交流群,日日分享最新学术前沿动态,从学者的角度引导学生思考经济学问题,以师者的仁爱关心学生问题意识、科研兴趣的培养。我们设计了覆盖"胡吉伟班"成长全周期的"社会实践工程",以"筑牢信念根基、认知国情社情、提升能力素质"为导向,通过精心设计的三次暑期社会实践活动,帮助"胡吉伟班"成员知行合一。2019年,在"胡吉伟班"暑期社会实践分享会上,梁茜副校长赞扬班级社会实践"立意好,选题好,做得好"。成长导师制和社会实践工程取得了不错的效果,第七届"胡吉伟班"成员计算机三级通过率达100%,连续4年平均加权分数蝉联院系第一。班级50%以上的学生保研北京大学、复旦大学、中国人民大学等一流高校,86%以上的学生在国内外各高校继续深造。

2023年,学院党委书记戴则健直接指导校"胡吉伟班"金融1901班的班级建设,院长张建华直接指导校"胡吉伟班"、学院第八届"胡吉伟班"国商2001班。学院正在探索建立以"胡吉伟班"为核心的荣誉班级"五航"育人矩阵,通过党建领航、学风启航、队伍护航、实践助航、榜样引航,让以德为先回归学生成长,让优秀学生回归班级建设,让优秀班级回归人才培养,着力培育担当民族复兴大任的时代新人。

(撰稿人:彭鹤翔)

彰显学科特色,构建"三维两能力"实践育人体系

江南大学食品学院

民以食为天。食品产业上牵亿万农户,与"三农问题"密切相关,下联亿万国民,与公众的生命安全和身体健康息息相关,对经济发展和社会稳定至关重要,是国民经济制造业第一大产业,连续 10 多年保持高增长率。食品工业持续快速增长对食品专业人才培养提出了更高的要求。

一、问题导向

作为行业特色鲜明的学科,江南大学食品学院积淀了丰厚的"把论文写在祖国大地上""把科研做在车间厂房"的实践经验,面对工科人才培养中学校与生产脱节、理论与实践脱节、学生与社会脱节的普遍问题,坚持把实践育人作为深化教育教学改革、提高人才培养质量的重要抓手,紧紧围绕学科特色,从专业实践、创新实践、社会实践三方面,重新梳理并构建了"内外融通、层次递进、知行结合、合为一体"的实践育人体系,凝聚一切育人力量和育人资源,将实践育人理念贯穿到人才培养的全部过程、各个环节,培育新时代健康中国的建设者。

二、主要做法

(一)突出内涵,重在巩固知识,形成专业实践体系

江南大学食品学院始终注重实践教学体系建设,将加强实践教学环节建设,完善实践教学体系作为实践育人的重头戏,构建"基础、综合、创新"的专业实践教学体系。

1. 与时俱进加大实践环节比重

学院进一步推动实验课、实习课独立设课,占比达 18%,突出工程教育

特色,层次分明的实践教学体系使学生通过循序渐进的实践活动,从理论验证、加深理解,到综合设计、融汇知识,再到推理求解、发现新知,知识积累和实践能力得到提升。

2. 大力推动实践教学信息化建设

学院投入 700 多万元建设虚拟仿真教学中心,配套云端平台实现远程协同交互教学,可同时为 300 个终端账户提供访问服务;开发虚拟仿真项目替代因生产技术、工艺流程等因素限制无法开展的现场实践,共有 66 门虚拟仿真实践课程,其中有 20 多个自主开发的虚拟仿真教学单元,"油脂工艺学实验"获得 2021 年江苏省虚拟仿真实验教学一流课程,实现了学生不出校门就能参与食品生产全过程训练,尤其是在疫情防控期间,虚实结合,保障了实践教学不断线、不打折。

3. 全力打造产学研一体化实践教学平台

学院利用学科优势和行业资源,积极拓展行业特色鲜明的育人拓展圈,拥有历时 20 年、历经 7 届、企业数量达到百余家的董事会,深化产教融合、校企协同,建成以行业企业为基地的教学实习实践基地。

4. 精细开展实践教学建设和管理

学院成立教学中心、教师卓越分中心,辟出专门职能负责实验实践和创新创业教学建设;学院鼓励结合导师科研或由学生自主选题,引导学生综合运用所学知识直接解决生产技术问题,真刀真枪开展实习实践;细化实习实践环节,制定具体标准要求,在实习动员、实习单位的确定、实习计划报备、学院审核、实习指导教师培训、学生生产实习巡查、实习报告批阅、生产实习汇报答辩多个环节把牢质量关。

(二)产教融合,重在拓展思维,构建创新实践模块

为了增强学生的创新意识和创新能力,学院将学科竞赛作为创新实践培养的重要抓手,与第一课堂教学相互促进,构建了"启蒙—参与—训练—实战"层递式创新实践训练模块。

1. 扶持建立专业俱乐部

学院先后建立了 5 个专业俱乐部,形成"一个专业教师指导、一家行业

企业支持、开展一项特色活动"的建设模式。通过 100%覆盖大一新生的食品 DIY 活动,激发学生的实践兴趣、启蒙学生的专业思想、培养学生的创新意识。5 个专业俱乐部中最早的烘焙俱乐部创建于 1996 年,举办的"幼人之幼"烘焙课堂被评为江苏省社会实践"优秀项目";冰激凌俱乐部举办大学生手工冰激凌创意大赛,2019 年接待了来自 11 个国家、39 所高校的 49 支队伍参加比赛;乳品俱乐部邀请国内外乳制品企业的专业人士做客"乳品大讲堂";全国首个由行业协会与高校共建的调味品俱乐部被评为无锡市"优秀学生集体"。

2. 协同开展创新创意竞赛

食品学院注重加强产教协同,尤其注重引入行业和企业资源助力学生培养,将社会优质资源转化为育人资源,鼓励学生利用创新实践项目研发出具有创新性及商业开发价值的健康产品,仅 2020 年就举办企业类竞赛 21 项,参与学生达 917 人次,共获奖 87 项。其中,与光明乳业联合举办的"光明杯"乳品创意大赛已经连续举办四届,竞赛要求从产品描述、构思来源、成本核算、加工工艺、营养评价、市场潜力等方面开展综合实践,极大地提升了学生的创新思维能力。2018 届校友张晓君在创意竞赛中的获奖作品"美珍枕头酥"现已商业落地,参加海峡两岸文博会被央视报道,成为 60 周年校庆食品学院指定伴手礼。

3. 强化培养科技创新能力

学院从大二年级全程配备导师。导师通过对学生进行科研指导,强化学生的科技创新水平。2020 年大学生创新创业项目立项共计 53 项,其中国家级 10 项,省级 5 项,参与人员 265 人,占学生比例的 75.71%,本科生在 SCI、CSCD 期刊上发表学术论文 31 篇,申请专利 17 项。层递式的创新实践体系也为参加国家级创新创业赛事奠定了基础,在第七届中国国际"互联网+"大学生创新创业大赛中,学院学生收获三银一铜的好成绩。

(三)学以致用,重在培养责任,搭建社会实践平台

创新思维只有和社会实践紧密结合,才能真正为党和国家培养出专业素质能力过硬的人才。学院坚持用好"社会课堂",面向产业、面向社区、面

向观念,通过实施博士科技服务团、食品安全进社区、互联网科普三大项目为学生创造实践的机会和舞台,解决食品科学在企业生产源头、社区百姓餐桌、大众人心观念三个关键寸点上的难题,引导学生做健康中国的守护者,潜移默化中将学院敢为人先的一流品质、服务民生的一流品格、学科报国的一流品味铺就成学生的价值底色。博士科技服务团走过全国7个省12个市县,总里程达到13228.8公里,帮助企业解决难题400多个,被人民网及《科技日报》《中国青年报》等多家媒体报道,连续获省级社会实践"优秀团队"。"食品安全进社区"项目8年来走进无锡377个社区、58所小学,受益9000多人,与中国粮食局、无锡市食药监局、无锡教育局签约合作,被属地百姓誉为"舌尖小卫士",受邀参加了科技部"科技列车行"活动,还分众化地开设了"儿童食育"项目,设计了针对三个年龄层次的12节课程,旨在通过饮食教育,让儿童树立正确的膳食营养知识。针对近年来食品安全谣言四起、网络食品信息良莠不齐的现象,学院尝试用"互联网+科普"方式开展科普工作,"江大益生菌实验室""江南大学油脂园地""脂质健康"等公众号都推出了普及食品安全、健康、营养的栏目。

三、取得的成果

(一)形成了一套有特色、可推广的实践育人模式

学院将实践育人质量提升体系建设纳入学校"双一流"建设整体规划,完善工作机制,强化育人实效,形成了一套具有学科特色的实践模式。相关成果获评教育部教学成果二等奖,获得孙宝国院士、朱蓓薇院士、任发政院士等专家的高度认可并建议推广示范。近5年,中国农业大学、浙江大学等70多所高校1000多人次来访交流,吸引海外专家学者到访交流457人次。受邀在教育部食品科学与工程类专业教指委会议等教学研讨会上就本成果做大会专题报告10余次。

(二)培育出一批能实践、会创新的青年人才

在实践锻炼中,学生实践能力和社会责任感显著提升。近3年,学生申获50余项省级以上大创项目,以第一作者发表论文50余篇,升学率从30%提高至41%,斩获20余项"互联网+""挑战杯"、全国生命科学竞赛等重

大竞赛奖项;学生参加国际学术会议并做报告46次,获国际食品学科学生竞赛银奖1项(全球10人),国际学科竞赛亚太区冠军1项、三等奖2项,涌现出全国大学生年度人物(提名)、"惠炬公益扶贫"项目发起人万芊,全国"优秀共青团员"鲁晨辉,食品科技服务团等一大批优秀个人和团队。

(三)服务了一批前瞻性、导向性的国家重大战略

围绕新一轮科技革命和食品产业的高质量发展对创新人才、创新技术和创新产品的需要,针对经济全球化引起的不同价值观的较量,面向从脱贫攻坚到乡村振兴的伟大战略转变,食品学院实践育人为国育才、储才,为食品行业提供创新解决方案,为中小型企业解决技术难题和产业升级瓶颈,为人民群众科普食品安全,为西部地区儿童解决从吃得饱到营养健康的问题。

四、可推广的经验

(1)坚持把实践育人作为立德树人的重要载体和抓手,坚持强化政治功能、贯通育人链条、深化需求导向,把思想政治工作贯穿实践教育全过程,教育引导广大学生在广阔的基层沃土中受教育、长才干、做贡献。

(2)实践育人是一项复杂的系统工程,应积极探索建立高校与政府部门、行业企业、乡村社区、社会组织等单位之间的协同机制,建立供需对接的校地、校企合作机制,凝聚育人共识,实现资源优化配置,各司其职、各尽其责、相互配合、形成合力,实现多类别实践项目整体设计和高效衔接。

(3)实践育人要坚持以学生为中心,课内与课外相结合,教学与科研相结合,科学素养与社会责任相结合,着力打通第一课堂与第二课堂,将第一课堂在系统性、完整性、专业性方面的优势和第二课堂在延展性、针对性、灵活性方面的优势互为补充,全面落实实践育人的理念,提升实践育人实效。

(撰稿人:傅莉莉　王　胤　朱　伟)

"党建＋拔尖人才"培养模式新探索

南昌大学经管学院

2019年1月,南昌大学经济管理学院获批教育部第二批"三全育人"综合改革试点学院,这也是江西省唯一一家获批单位。近年来,南昌大学经济管理学院深入学习贯彻习近平新时代中国特色社会主义思想,推动全国教育大会精神和全国高校思想政治工作会议精神落地生根,进一步加强和改进思想政治工作,创新实践"党建＋拔尖人才"培养模式,将党支部建立在计量经济研究会这一学生社团上,探索出了具有学院特色的"三全育人"综合改革工作模式。

南昌大学计量经济研究会(简称"研究会")是一个成立于2013年,由学生自主管理的校院共建的大学生学术科研组织。2016年4月,经济管理学院积极创新实践"党建＋"活动,推进学生党建活动"纵向到底、横向到边",率先在研究会成立了学生党支部(简称"党支部"),实现党支部自主管理、自主学习、自主进步,充分发挥了党组织的战斗堡垒作用和党员先锋模范作用。研究会党支部曾荣获江西省党建工作案例一等奖、江西省教学成果一等奖、南昌大学先进学生党支部等奖励。

一、工作举措

(一)以党建为龙头,加强党支部基层组织建设

牢牢坚持党的领导,把握政治方向,突出政治功能。党员教育扎实有效,认真开展"不忘初心,牢记使命"主题教育,深入推进"两学一做"学习教育常态化制度化,"三会一课"制度规范落实,支部主题党日严格规范,认真开展党员发展、党员培训等工作。充分发挥党员先锋模范作用,带领广大学生投入科研工作中,为学校和学院的科研做出了重要贡献。

（二）教育部"三全育人"综合改革试点工作贯通党支部工作全过程

南昌大学计量经济研究会作为学院拔尖创新人才培养的试点，始终坚持"立德树人、以德为先"的育人理念，开展全员育人、全过程育人、全方位育人工作，提出通过科研社团培养拔尖人才，创新实践"党建＋拔尖人才"培养模式。

（三）加强科研成果培育，形成科研特色

研究会着力培养拔尖创新本科人才，提出了以学术科研为载体、以学科竞赛为抓手、以计量经济培训为平台，探索出一条本科生拔尖创新人才培养模式。目前，由研究会成员组织编写并已经出版的书籍达 13 本，研究会成员在 SCI、EI、CSSCI、CSCD 与中文核心期刊发表文章 110 篇（不含待刊录用）。

（四）开展学术交流，提高党支部显示度

与国内知名高校学者、博士交流。2018 年首届计量经济青年学者论坛在南昌大学召开。通过校友资源，研究会邀请到各大高校的优秀博士生 10 余人来到南昌大学，与经济管理学院学子齐聚一堂，共同探讨前沿经济形势、尖端学术知识等。定期邀请从研究会走出的优秀毕业生回校交流。还为广大师生搭建学术交流平台，邀请经济系及相关学科专业的 30 余名教师参与研究会工作，充分发挥学术论坛的最大优势，为不同学术背景的学生和教师相互启发学习搭建了一个良好的平台。

二、工作成效

（一）党支部党建工作规范、有力

党支部切实抓好政治理论学习与教育，抓好思想作风教育，抓好党风廉政教育，严格监督管理，力争建成勤政、高效、廉洁、务实的党支部。近年来，党支部荣获江西省党建工作案例一等奖等 10 余项党建工作奖励。

（二）党支部引领示范作用增强

近年来，计量经济研究会的师生关注度与参与度极大提高。师生互选

助推师生参与,导师在研究会成员中招募"志同道合"的本科生参与科研项目,对学院科研产出贡献度日渐突出,实现了教师科研成果产出与学生学习能力提升的双向互赢。

本科生优秀毕业论文数占全学院毕业论文总数的60%以上;研究会成员在《数量经济技术经济研究》等SCI、EI、CSSCI、CSCD与中文核心期刊上发表文章91篇;参与编写书籍13部。历届研究会成员保研、出国率都高于80%;研究会在校成员的学科竞赛成绩突出,已获国际级51项、国家级93项与省级64项,奖励累计208项;南昌大学参加的全美数学建模大赛的获奖团队中,超过一半的学生来自研究会。

(三)党支部社会影响力提升

1. 上级部门和领导的评价

"党建+拔尖人才"培养模式得到了各级部门与领导的高度认可和评价。2019年3月,教育部党组成员、副部长翁铁慧与计量经济研究会党支部的成员亲切交谈。翁部长高度评价了我院学生工作所取得的成绩,并对学院取得的育人成果表示赞许。此外,党支部工作也得到团中央书记处、教育部高教司和江西省委宣传部、江西省教育厅、南昌大学等单位和领导的肯定。

2. 新闻媒体的评价

经济管理学院学生科研社团培养模式创新及取得的良好成效,被《中国科学报》报道2次,被《中国青年报》报道1次,被江西电视台报道2次,累计被市厅级以上媒体采访报道19次,获得了良好的社会反响。

三、工作经验

(一)加强党建品牌建设

"党建+拔尖人才"培养模式充分体现了学生党建工作的先进性。党支部建在学生社团上,有助于充分发挥党支部的战斗堡垒作用;有益于社团中的学生党员增强组织观念和党性意识,发挥党员的先锋模范带头作用;有利于党组织在社团中培养青年学生,把更多的优秀青年学生吸引到党的队伍中来,带动社团、班级乃至整个校园形成良好的氛围。

（二）拓宽党建实践平台

严格贯彻落实上级党组织的统一部署和要求，积极开展"不忘初心，牢记使命"主题教育等系列活动，扎实落实"三会一课"制度。以学术科研为载体，通过"老带新""读书会""趣味经济论坛"提升本科生科研社团的学习创新氛围和能力。以学科竞赛为抓手，重点围绕"挑战杯""互联网＋"，全美数学建模竞赛等有影响的竞赛项目，通过"项目预演""案例宣讲""团队实战"进行组织和培训，提高学生参与学科竞赛的热情和能力。

（三）完善与创新学生党建育人模式

推行"点—线—面"贯通式选人方式，形成"导师指导—老生带新生—先进带普通"科研社团育人新特色。搭建适应学生创新能力持续提升与课堂课外交互融通的培养体系，探索构建"双向—多元—交互"本科拔尖创新人才培养新模式。

（撰稿人：吴金辉）

169

追寻永怀足迹，厚植爱国情怀

南开大学物理科学学院

一、目标思路

（一）理念目标

充分贯彻落实党的十九大精神，坚持以习近平新时代中国特色社会主义思想为指引，以引导学生做到"四个正确认识"为导向，以立德树人为根本，以社会主义核心价值观为引领，以培养担当民族复兴大任的时代新人为落脚点，秉承南开大学"知中国，服务中国"的培养理念，强化思想引领，凸显学科特色，创新活动形式，着力打造"4+N"永怀实践育人工作品牌，即"校史、院史教育＋暑期社会实践＋永怀事迹宣讲＋永怀话剧展演＋新媒体多平台多形式宣传"。

（二）整体思路

坚持遵循规律，勇于改革创新，凸显专业优势，改进实践工作方法，创新实践工作载体，强化浸润式价值塑造，激活实践育人工作内生动力。注重分层分类精准施策，不同层次、不同学习阶段侧重点不同，提升实践育人的获得感。坚持协同联动，完善支持机制，推动专业课实践教学、社会实践活动、志愿服务等载体有机融合，形成实践育人统筹推进工作格局。建立健全考核评价机制，通过项目化运作，推动项目建设。逐步建立完善实践学分制，并使之成为推优入党、评优表彰、推免研究生等工作的重要参考依据。注重成果转化推广，将社会实践与社会调研、专业实践等工作相结合，构建第一课堂与第二课堂的实践成果共享和转化机制，在实践地开展物理科普知识宣传，为当地物理科普与物理专业教育提供雄厚的学科支持和知识指导。

二、实施举措

（一）多措并举，将物理实践育人工作做深做实

南开大学物理科学学院高举爱国主义旗帜，结合物理学科专业背景，将物理实践育人工作做深做实。

追寻永怀生平事迹，将红色育人资源转化为学生践行"知中国、服务中国"的爱国实际行动。以追忆学习郭永怀事迹为主线，引导学生感悟发扬"两弹一星"精神。前往山东荣成、青海原子城，追念革命先辈，传承红色基因；前往社区服务基层；深入藏区助力科普。沿着郭永怀成长足迹"重走永怀求学科研路"，去荣成、北京大学、中科院力学所、中国科学科技大学座谈交流。青年师生共赴云南昆明寻访西南联大，感悟兴学救国、为国育才的峥嵘岁月和感人事迹。深入社区街道、中小学宣讲永怀事迹，传扬永怀精神，开展志愿服务，传播科普知识。通过多层次全方位的实践活动引导学生切身感悟、践行和传承"两弹一星"精神，深入思考南开人的责任和使命，用实际行动诠释爱国奋斗精神。

发挥先辈人物精神引领作用，搭建理论宣讲平台开展爱国主义教育。充分凸显先进人物精神在思政教育中的引领作用，丰富校史院情教育形式，培养学生爱国主义精神，依托实践成果组建"学生永怀精神宣讲团"，搭建"教师指导、学生主导"的爱国主义教育特色理论宣讲平台。学生团队结合实践收获所得，自主挖掘永怀事迹，整理宣讲材料，在校内外开展理论宣讲，通过图文推送、宣讲视频、排演话剧等形式开展爱国主义教育，扩大品牌影响力，提升精神引领价值。

依托实践品牌，打造"学习—实践—服务"三位一体的实践育人机制。依托学院永怀团校、永怀团干校、"学生永怀精神宣讲团"平台，积极开展理论学习活动，提升思想水平。加强"学"与"践"相统一，与荣成、青海原子城构建长期交流实践机制，搭建常态化社会实践工作体系，将社会实践项目融入学生教育全过程，引导学生磨炼本领，提升服务意识，投身基层志愿服务，打造"学习—实践—服务"三位一体的全过程育人机制。

（二）把准关键，将实践育人工作融会贯通

拓展平台载体。建设实践基地平台，进一步加强与实践基地的沟通交流，拓宽合作范围，丰富合作内容，深挖教育基地的教育资源。建设宣讲、话剧展演平台，从郭永怀事迹收集整理到剧本材料编写、演员招募、话剧编排，学生浸润式、体验式地参与其中，进一步推动其制度化、规范化、长远化发展。建设新媒体宣传平台，适应新时代新形势，选择学生喜闻乐见的新媒体宣传平台如微信、微博、哔哩哔哩、抖音等进行多形式全方位的宣传，进一步扩大实践教育效果。

突破重点难点。打通第一课堂和第二课堂之间的实践壁垒，探索构建"大实践"育人框架。将物理学科专业知识与实践紧密结合，在实践中利用专业所学服务国家、社会发展需求。加强专业教师、管理干部参与指导实践的力度，制定完善教师参与实践育人的政策规范，将全员育人、全过程育人和全方位育人落到实处。

创建育人品牌。物理科学学院以杰出校友郭永怀为榜样，从课堂专业知识学习到社会实践事迹宣讲、话剧展演，形成永怀系列教育品牌，成为多样有效的教育平台，有效推动了第一课堂与第二课堂的深度融合，提升了实践育人的质量水平，让社会实践成为师生受教育、长才干、做贡献的互动平台。

（三）成效显著，实践育人成果遍地开花

自 2017 年"传永怀薪火，担公能使命"系列实践活动启动以来，团队已建立社会实践基地 3 处，开展调研形成 2 篇报告，建立南开书屋 2 所，筹集图书近 2000 册，相关事迹被南开大学、红色荣成等公众号报道，赴青海原子城暑期实践团的事迹还被中青网平台宣传报道。

依托实践成果成立的"学生永怀精神宣讲团"目前已开展了 80 余场次宣讲，范围覆盖各学院党团支部、宝坻一中、南开附小、佳荣里社区等单位，受众达到 40000 余人。学生自编自导自演话剧《永怀》，入选南开大学爱国主义精品话剧剧目，先后在天津市武清区、宁河区、静海区青少年党史学习教育活动中进行专场展演，覆盖 2000 余人；该话剧在天津人民艺术剧院进行爱国颂党主题展演，相关事迹被人民网、新华网及《光明日报》《天津日报》

等众多媒体报道。

实践育人获奖情况：

（1）获 2018 年天津市大中专学生志愿者暑期文化科技卫生"三下乡"社会实践活动"优秀团队"；

（2）成果获 2019 年全国大中专学生暑期"三下乡"社会实践"千校千项"优秀团队案例、优秀摄影奖、百篇优秀调研报告等。

三、经验启示

（一）打造社会实践第二课堂，充分发挥协同育人作用

依托社会实践打造"学习—践行—奉献"模式的第二课堂，搭建"学习—实践—服务"三位一体育人模式，推进"三全育人"一体化育人体系建设。通过学思践悟的方式帮助学生走出学校、深入社会，活跃学生课余生活，填补学生精神空白，改善和加强学生的思想教育工作，帮助学生在实践中完善对社会的认知从而树立正确的世界观、人生观和价值观，在实践活动和志愿服务中践行当代青年的责任和使命。

（二）探究校园理论宣讲集体发展模式，加强先进人物的精神引领作用

依托社会实践建立的"学生永怀精神宣讲团"，通过实地调研和交流座谈，学习吸收相关经验、完善宣讲内容、提升宣讲水平，在宣讲实践中发现自身问题并逐步改进，最终通过提升宣讲质量、扩大宣讲范围、创新宣讲形式，不断加强先进人物的精神引领作用，为其他同类型校园宣讲集体的发展提供了模式参考。

（三）校校协同，对接基层单位，针对性模式扩展科普渠道

构建高校科普力量联合组织体系，加强各部门的资源共享、合作创新，形成"1+1＞2"的工作效果。高校科普力量直接对接基层科普单位，针对性共享科普资源，以志愿服务、党团活动等形式充分壮大科普志愿者队伍，扩展科普工作渠道和覆盖面积，加强科普效果。

（撰稿人：韩　榕）

弘扬钱伟长教育思想，传承钱伟长育人精神

上海大学钱伟长学院

　　上海大学钱伟长学院以上海大学原校长、著名科学家、教育家、社会活动家钱伟长先生的名字命名，是17所"国家试点学院"之一、教育部首批"三全育人"试点院（系）和上海大学拔尖创新学生培养基地。在"三全育人"综合改革试点中，学院始终以党建为引领，以立德树人为根本，以课程育人和科研育人为两大重点，依托"学生是德育过程的主体、课堂是德育主阵地、教师是德育主力军"三大主体，搭建"党团德育实践、科学创新思辨、书院人文素养、数理科学基础"四维育人平台，着力落实"强化使命驱动、发挥榜样示范、推进教学改革、注重大师引领、深化科教协同"五项重点举措，以"做伟长人、塑伟长梦、传承伟长精神"贯穿思想政治工作全过程，围绕拔尖创新学生培养，聚焦党建思政育人、课程育人、科研育人和浸润式书院文化育人，持续推进"三全育人"综合改革试点工作。

一、项目背景

　　钱伟长教育思想学生宣讲团是以学院学生党员、入党积极分子和优秀团员为主体，义务开展宣传钱老生平事迹、传播钱老教育思想的学生社团，该社团于2012年4月正式成立。钱伟长教育思想学生宣讲团旨在通过学生讲述钱伟长的生平和感人故事，使上海大学学子真切感受到上海大学践行钱伟长教育思想的根基与底蕴，从而传播钱伟长教育思想、传承钱伟长育人精神，激励广大学生树立远大抱负和报效祖国的志向。

二、主要做法

（一）追忆伟长风范，做一名忠诚的爱国者

钱伟长曾经说过："回顾我这一辈子，归根结底，我是一个爱国主义者。"每年清明节，学院直属党总支都会组织开展缅怀钱老的纪念活动，共赴滨海古园，缅怀追思钱伟长，同行的还有上大基础教育集团等共建单位的中小学生。活动期间，钱伟长教育思想学生宣讲团学生代表会做主题为"斯人已逝，精神长存"的分享，回顾钱伟长的一生和钱伟长精神对新一代青年人的影响，汇报学院最新发展和学生取得的成绩，并深深地表达对钱伟长最崇高的敬意。

每年 10 月 9 日，在纪念钱伟长诞辰的升旗仪式上，钱伟长教育思想学生宣讲团会进行主题演讲，通过分享钱伟长的生平事迹，用钱伟长的爱国主义情怀感染在场的师生。除此之外，现场还有一个宣誓环节，全体党员郑重宣誓："我将践行钱伟长教育思想，心怀祖国和人民，先天下之忧而忧，后天下之乐而乐，做自强不息上大人！"以此表达每位党员忠于祖国的坚定决心。

每年夏季学期，学院都会组织钱伟长教育思想学生宣讲团成员和学生代表赴钱穆•钱伟长故居德育实践基地参观学习，并先后聘请钱伟长堂侄钱煜先生和其女儿钱蓉芳女士作为钱伟长教育思想专家指导团成员。学生通过参观钱穆•钱伟长故居，观看钱伟长的视频图片资料，并与钱氏家族后人深入交流，深切体会钱氏家训的内涵和钱门院士的感人事迹，从而真正把钱伟长的精神情怀内化于钱伟长学院学子的精神追求。同时，钱伟长教育思想学生宣讲团也在现场做宣讲展示，一方面充分表达钱伟长学院学子对钱伟长老校长的敬爱和怀念，另一方面号召学生在学院发展建设进程中积极进取、砥砺前行，不辜负钱伟长 26 年前创办学院前身——基础强化班的初衷。

（二）追求伟长特质，做一名坚定的践行者

钱伟长说："我们培养的学生首先应该是一个全面的人，是一个爱国者，一个辩证唯物主义者，一个有文化艺术修养、道德品质高尚、心灵美好的人；其次，才是一个拥有学科、专业知识的人，一个未来的工程师、专家。"因

此,有伟长特质的学生不仅应具有远大的理想抱负和强烈的爱国主义精神、求实创新的科学家精神和使命担当,具有人文情怀和博大胸怀,同时还应具有扎实的专业能力和远大的学术抱负。

以新生军训活动为例,首先,宣讲团会编写教材宣传手册,将钱伟长真实而又不失风趣的小故事以时间轴串成一条线,将他的一生展现给新生。其次,在正式宣讲的前一周,宣讲团成员会集体备课,确定各自的演讲风格,每人必须完成试讲才具备上台资格,试讲主要考察宣讲者的个人形象、谈吐风格、互动效果、控场能力以及临时应变能力等。最后,宣讲团通过微信公众号提前发布预约信息,可提供微信预约和电话预约,并对宣讲内容和形式做出选择。为高效有序地与各军训连队对接,尽可能满足各连队的需求,按照预约安排,宣讲团派出成员针对"钱老小故事""钱老与上大""钱老教育思想"三个主题进行宣讲,并与同学亲切互动。炎炎夏日,宣讲团成员在各个连队里穿梭,他们以各自不同的演讲风格使新生了解钱伟长老校长、了解上海大学,并为他们带去信心,为将来的学习注入新的动力。虽然经常会讲得口干舌燥,但宣讲团成员一看到同学脸上的笑容就知足了。宣讲结束后,还会回收调查表查看同学的反馈意见,同时通过线上微信平台互动及时了解同学对宣讲的评价和建议。

(三)追寻伟长梦想,做一名有为的传播者

钱伟长说:"什么叫一流,能够解决国家问题的就是一流。"在钱伟长精神的指引下,钱伟长学院学子特别是钱伟长教育思想宣讲团的党员及优秀学生群体要冲锋在前、率先垂范,做有情怀的引领者和传播者。

2018年"八一"建军节,在"钱伟长船"中国人民解放军海军共建基地的军民共建主题活动上,钱伟长教育思想学生宣讲团团长王啸臻同学做了题为"我所理解的钱伟长等老一辈科学家精神"的主题报告分享,分别从对钱伟长教育思想的理解、上海大学在传承钱伟长教育思想和红色基因传承方面的做法以及弘扬科学家精神三个方面传播钱伟长教育理念和科学家精神,与部队官兵共同感受老一辈科学家赤胆忠诚的品质和求真务实的作风。

2019年5月,钱伟长学院与钱伟长图书馆·钱伟长纪念馆达成合作意

向,宣讲团将长期为纪念馆提供志愿讲解服务。宣讲团成员参与了场馆宣讲的前期准备工作,并多次参与各类现场参观宣讲。

三、主要成效

(一)推动了伟长精神的有效传播

成立 11 年以来,通过军训宣讲、首日教育等方式,钱伟长教育思想学生宣讲团的宣讲活动已覆盖 2 万余人次,形成了较为完备的钱伟长教育思想宣讲模式。尤其是在军训期间的一场场关于钱伟长老校长生平事迹的生动演讲,大大提升了钱伟长教育思想在学生中的影响力,指引学生在大学四年间勤奋学习、热爱祖国,有利于形成良好的学风、校风。

(二)培养了全面发展的伟长学子

通过宣讲团的育人平台培养了一批具有充分的底气和自信的伟长学子。作为钱伟长教育思想学生宣讲团中的一员,成员首先要实践钱伟长教育思想,具备由内而外的伟长特质,做全面发展的人,并在此基础上身体力行,把钱伟长教育思想学懂弄通、勤于实践。

(三)形成了红色教育的特色品牌

学院积极开拓校内外实践基地,统筹配置校内外优质资源,通过钱伟长教育思想学生宣讲团、国旗卫士班等特色主体,推进学校钱伟长纪念馆、"钱伟长船"中国人民解放军海军共建基地、无锡钱穆·钱伟长故居等德育基地建设,形成爱国主义教育基地特色品牌,让红色文化成为第三阵地大课堂。2022 年 10 月,钱伟长教育思想学生宣讲团青年团队获 2021 年度"上海市青年五四奖章"。

四、主要经验

(一)团队建设,打造精干队伍

钱伟长教育思想学生宣讲团有正式成员 10 余名,设团长 1 名。为了让每位成员都能够独当一面,宣传团通过集体备课、演讲培训等,打造了一支精悍的队伍。钱伟长教育思想学生宣讲团使参与其中的伟长学子尤其是学生党员真切体会到,做钱伟长教育思想的践行者需要坚持不懈地努力与付出,尽管过程很辛苦,但也绝不会动摇成员为之努力的坚定信心。

(二)平台拓展,探索育人机制

钱伟长教育思想学生宣讲团源于钱伟长学院,却不囿于钱伟长学院甚至上海大学。从活动的参与广度来说,宣讲团的活动辐射整个上海大学校园,甚至吸引了上海大学附中的师生参与;从合作平台来说,宣讲团的共建单位在不断拓展。每年,钱伟长学院与无锡德育实践基地——钱穆•钱伟长故居、"钱伟长船"中国人民解放军海军共建基地等开展宣扬钱伟长精神的主题活动,正是钱伟长的爱国情怀和科学家精神使得共建单位三方为了"传承红色基因,弘扬科学家精神"这一共同目标走到了一起,这也为学院在"三全育人"综合改革试点中形成多元贯通、有机协同的全方位育人机制提供了有效探索与实践经验。

(三)思想引领,贯彻伟长精神

宣讲团始终以钱伟长的教育思想作为精神指引,用爱国主义和担当精神武装队伍。具有扎实基本功、宽阔的学科视野,将来成为勇于担当民族复兴大任的、具有伟长特质的学术领军人物是钱伟长学院学子的人生理想。宣讲团会将以钱伟长的爱国主义精神、历史使命感、科学家精神进一步弘扬,让伟长精神熠熠生辉、生生不息。

(撰稿人:沈青松)

天津理工大学材料科学与工程学院
"三全育人"综合改革试点典型案例

天津理工大学材料科学与工程学院

一、提出问题

近年来,越来越多的思政工作者利用网络平台开展思想政治教育,一批网络思政育人成果脱颖而出,产生了较大的反响。然而,这些成果也呈现出内容同质化、运营手段单一化、粉丝黏性不足、形式单调、以网文思政代替网络思政、平台精准供给不足等问题。

天津理工大学材料科学与工程学院意识到网络育人的重要性,疫情防控期间抓住"危"中之"机",创新特殊时期网络思政形式,因势利导启动"三全育人"背景下的网络思政建设。

二、主要做法

2020年新冠肺炎疫情暴发,全校所有教学工作转移到线上进行。学校材料科学与工程学院党委协调专业教师、思政队伍、党支部书记等组建网络思政研究小组,组成特殊时期的党员突击队,全方位挖掘在疫情防控中蕴含的党中央集中统一领导、家国情怀、初心使命、责任担当、生命教育、科研攻关、英雄模范等育人元素,制作"课间三分钟"系列微视频作品,通过任课教师在课间播放、学院班级群和公众号推送等渠道,创新疫情防控下的网络思政形式。为落实学生全覆盖观看,相关工作人员将每个作品加上注解,向专业老师介绍,把课间播放落到实处,让好的教育形式和好的作品真正起到育人作用。

学院继续深挖"课间三分钟"的育人功能,推出7期"四史"教育专题的"课间三分钟"。2021年至今,结合党史学习教育,推出党史教育系列"课

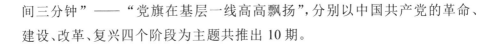

间三分钟"——"党旗在基层一线高高飘扬",分别以中国共产党的革命、建设、改革、复兴四个阶段为主题共推出 10 期。

三、取得成效

受益范围广。"课间三分钟"始终坚持围绕学生、服务学生的理念,针对学生的特点和需求精准选取教育内容,利用贴近学生的传播方式进行推广发布。"课间三分钟"的创作主体,既包括院系党政负责人、专业教师、辅导员和管理人员,也包括学生。他们既是教育内容的供给者,又是首批受益者。特殊的推送方式确保学生全覆盖。截至目前,"课间三分钟"微视频共推出 50 期,参与视频制作的教师和学生 200 余人,受益和影响人数超过60000 人。

教育效果好。"课间三分钟"拉近了师生距离,巩固了网络意识形态的阵地,在学生理想信念、理论提升和学习动力等方面有很大的促进作用。近几年,学院入党申请人覆盖率维持在 90% 以上。学生成绩普遍提升,一批榜样典型相继涌现。以 2019 级本科生为例,全部班委平均绩点达 3.0 以上。

社会影响好。"课间三分钟"创办于新冠肺炎疫情防控期间,不仅助推学校、学院的疫情防控工作取得胜利,而且创新了非常时期的网络育人形式,相关做法和经验得到了同行和媒体的高度评价。"课间三分钟"被全国高校思政网、"津门教育"微信公众号、津云客户端等媒体报道。

四、可推广的经验

运行模式独特。"课间三分钟"借鉴流行 APP 的短视频推广模式,具有内容新、质量好、时间短、风格多样等特点。在内容涵盖上既有党史教育、四史教育、爱国教育等与时俱进的形势与政策教育引导,又有就业指导、学科发展、日常管理等回应学生成长需求的内容,符合一定的教育教学规律、价值引导规律、互联网自身规律。课程内容经过设计加工,集声音、图像、文字于一体,符合学生的需求,能快速吸引学生注意。视频时长为 3～5 分钟,教师利用课间的休息时间播放,通过显性教育和隐性教育相结合的方式,让学生潜移默化地受到教育。

推广路径新颖。放在公众号、视频号上的短视频,教师一般需要学生自主点击平台才能完成观看。"课间三分钟"是教师党员在党委书记的带领下,响应"停课不停学"的号召,发挥党员先锋突击队的作用,结合疫情防控、学科特点、学生需求制作的。课程制作人会编辑统一的引入语或者课程介绍语,方便专业教师课间播放,确保不同年级、不同专业的学生都能有效学习课程,实现课程受益人数的全覆盖。

育人方式协同。将思想政治教育工作贯穿教育教学全程,实现全员育人、全方位育人、全过程育人,是新形势下思政工作的全新要求。"课间三分钟"领导小组成员包括校、院领导,马克思主义学院的教师,教务处、学生处等多个职能处室的领导,确保了推送内容的科学性和严谨性。制作团队中既有院系党政负责人,又有专业教师、辅导员、青年学生等。他们互通互融,协同育人,培育良好育人环境,推进全员育人格局。部分视频是在老师的指导下,学生通过主题选定、资料收集、视频剪辑、后期制作等诸多环节完成的,把思想政治教育融入师生互动中,让学生在发现问题、解决问题的过程中自觉接受教育。

下一步,学院将进一步丰富思想政治教育主题,发挥协同育人机制,使项目成为跟得上市场、黏得住用户、育得好学生的好平台。

（撰稿人：从 蓉 尚以迪 单晓宇）

一体化构建全员育人工作体系

中国石油大学(华东)石油工程学院

一、问题针对

立德树人是一项系统工程,需要各环节、多要素有机配合、协同联动。然而,当前院(系)在育人方面普遍存在以学生为中心的理念尚未形成充分共识、人才培养工作协同联动不足、多方协调配合不够密切、教学与学生工作缺乏有效联动等问题,全员育人工作存在盲区、断点,急需打通"最后一公里"。

二、主要做法

统筹各领域、各环节、各方面育人力量,完善全员育人机制,拓展全员育人阵地,构建协同育人网络,切实提升全员育人实效。

(一)"四方三级"齐抓共管,打通育人机制的"最后一公里"

为强化协同联动,中国石油大学(华东)石油工程学院(简称"学院")构建了党政工团、院系组"四方三级"协同管理体制。党委把方向,行政抓落实,工会调动教师育人积极性,团委积极搭建活动载体。通过"学院—教学系—课程组"三级体系,抓好教师育人主体,层层细化责任,拓展育人载体,完善考核评价,将育人成效作为教师考核评优的重要指标。为加强党委统一领导,确保责任落实落细,学院党委成立了"三全育人"综合改革工作领导小组。

(二)横向到边纵向到底,打通育人阵地的"最后一公里"

从大环境到小寝室,构筑全方位、立体式育人阵地。学院将文化育人和学科育人相融合,面向本科生举行学科开放日活动,让学生近距离体验石油文化,感悟石油与天然气工程"双一流"学科内涵。活动采取线上线下相结合的方式,线上展示学院文化历史、实验室简介、教授风采等,线下开放办公区、科研区和交流区等所有场地,供学生交流学习。学院设立系所文化角,促进师生互动交流,加强学科文化浸润,推进思想价值引领,引导学生学石油、爱石油、献身石油。

为拉近师生距离,创建和谐师生关系,引导老师从第一课堂走向第二课堂,学院党工团共同发起"非常1+6"宿舍导师活动。教工党员和骨干教师担任宿舍导师,主动深入学生一线,加强学生思想政治教育,关心学生学业、生活和心理,进行学业困难帮扶,开展社会责任感教育,进行就业升学帮扶,指导学生创新创业、专业实践等,让教师走下讲台,让课堂走进生活,使教育教学更有温度、思想引领更有力度、立德树人更有效度。

(三)校内校外全员协同,打通育人主体的"最后一公里"

挖掘各群体、各岗位的育人元素,构建全员协同育人网络。为充分发挥学科大师的育人作用,培养学生至诚报国的理想追求,学院开展"与教授有约"活动,邀请校内外知名专家教授,采用座谈、访谈、报告、研讨等多种形式,介绍我国能源发展和石油行业前沿科技,帮助学生深入了解研究方向,指导学生开展创新创业活动等。此外,学院每年开展"百名导师面对面""科研实习生"等活动,让学生近距离感受教授的魅力和科研的乐趣,让科学精神尽早在学生心里萌芽。

为深入发掘校外育人资源,凝聚协同育人合力,学院定期开展"校友面对面"等活动,邀请优秀校友返校与在校学生分享成长经历、行业发展形势、技术前沿、就业创业观、石油精神等,搭建校友与在校生的交流平台,榜样引领示范,激励在校生成长进步。为充分发挥企业育人作用,学院举办"杰出工程师进校园"活动,聘请"校外辅导员",加强对学生的创新创业和就业指导,推进产学研深度融合,使思政工作更好地适应和满足学生的成长诉求、时代发展要求、社会进步需求。

三、取得成效

(一)人才培养质量提升

近4年,学院学生学业水平进步显著,创新创业能力增强,国际视野积极拓展,综合素质全面提升。有 26 篇学生论文获山东省优秀博士论文、专业学位研究生优秀实践成果奖等,在国际及国家级学科、科技竞赛中获奖超过 400 人次;学生获得第七届中国国际"互联网+"大学生创新创业大赛金奖、孙越崎青年科技奖及优秀学生奖、大学生年度人物提名奖、福布斯中国 30 岁以下精英榜、2020 年未来能源青年领袖计划中国唯一青年代表、山东省"青春贡献奖"等;学院入选科技部"创新人才培养示范基地";学生科技创新活动参与度超过 90%;毕业生就业率保持在 90% 以上,超过 60% 的毕业生进入中石油、中石化、中海油等能源企业就业。

(二)形成系列育人成果

2017 年,非常"1+6"协同育人工作案例获全省高校思想政治教育优秀工作案例;2019 年,学院"三全育人"工作获青岛高校思想政治工作集体创新奖;2020 年,学院出版专著《三全育人——中国石油大学(华东)研究与实践》。

四、可推广的经验

学院创建"四方三级"协同管理体制,构筑全方位、立体式育人阵地,构建了全员协同育人网络,切实打通了育人机制、育人阵地和育人主体的"最后一公里"。形成了学科开放日、"非常 1+6"宿舍导师、"与教授有约""与校友面对面"等可推广、可复制的系列品牌活动。将师生交流从课堂延展到课下、从学业延展到生活,将学业上的"良师"变成生活中的"益友"。让校友、企业家、工程师走近学生,发挥社会育人功能。学院通过全员协同、教科融合、师生互动、学长传承等形式,助推大学生全面发展,在体制机制改革、育人阵地延伸和育人主体拓展等方面为其他院系提供了参考。

(撰稿人:赵晓珂 于梦飞)

挖掘思政元素，协同创新构建"三全育人"体系

——全国高校院（系）立德树人知行联盟共建思政"全"课堂

中国政法大学民商经济法学院

在首批"三全育人"综合改革试点工作伊始，相关试点单位均存在一定的疑点和难点，为了着力推动"三全育人"综合改革试点工作形成合力，中国政法大学民商经济法学院于 2019 年 6 月主办了"三全育人"综改协同论坛。论坛中，中国政法大学民商经济法学院、中国农业大学农学院、北京交通大学电子信息工程学院、北京邮电大学电子工程学院、南开大学物理科学学院、内蒙古大学化学化工学院、东北财经大学工商管理学院、浙江大学机械工程学院、浙江农林大学林业与生物技术学院、中国海洋大学管理学院、中国地质大学（武汉）环境学院、西南政法大学全球新闻与传播学院、浙江中医药大学护理学院等 13 所试点学院经协商一致决定，以"三全育人"综合改革试点工作作为契机，共同作为发起单位，建立全国高校院（系）立德树人知行联盟（简称"联盟"）。该联盟以立德树人为根本任务，秉持共享、互益、开放的宗旨，旨在进一步贯彻落实习近平总书记重要论述精神，共同开展"三全育人"工作体系的理论构建和实践探索，建设全国"三全育人"综合改革试点院（系）成员之间的沟通联系机制以及双边多边合作机制。

联盟成立两年多来，联盟成员单位定期开展线上线下经验交流，推动共享共建，形成了日常联络机制、议事机制、实施机制、评估机制，在经验共享、资源共享、创新共享、成果共享方面进行了一系列尝试探索，并把效果长远、操作可行、师生受益的措施逐步固化为制度。

其中，联盟成员单位以深入挖掘课程育人中的思政元素为切入点，把联盟协同创新作为最大优势，为促进学科互补、专业交叉，优化内容供给、形成育人合力，发挥示范引领和辐射带动作用，形成了思政"全"课堂这一代表

共建项目。

思政"全"课堂由联盟内成员单位根据自身学科特点和专业特色,充分发挥好专业课教师"主力军"、专业课教学"主战场"、专业课课堂"主渠道"的作用,把握师生思想特点和发展需求,打造思政育人与专业知识紧密结合的精品课程,确保专业课与思政课同向同行;同时通过"互联网+思政"的方式,形成合力,达到多学科、多角度、系统性的课程育人效果。首批思政"全"课堂共包括 11 个院系的 16 门课程,涵盖了管理学、法学、理学、工学、农学、医学等不同专业课程。例如,中国政法大学民商经济法学院开设的"习近平生态文明思想的法治实践"课程,以习近平生态文明思想为理论线索,结合生态环境保护法、宪法、环境司法、环境健康法治等法学专业教学,使学生从法学视角更加系统深入地理解习近平生态文明思想的丰富内涵与重要意义。北京交通电子信息学院推出的"工程与社会"课程,将社会主义核心价值观教育融入工程项目管理全过程,将专业素养教育与社会主义工程道德教育有机结合,通过国家重大项目建设者、优秀校友等亲身经历者的分享,展现了一代代工程建设者坚持不懈、实干立新的精神,为培养社会主义合格建设者和接班人提供了价值观层面的全面支撑与保障。浙江大学机械工程学院开设的"戈壁滩上的马兰花"课程,将专业知识与"艰苦奋斗,干惊天动地事;无私奉献,做隐姓埋名人"的马兰精神相结合,通过讲述众多奉献于国家核事业的马兰前辈的感人故事,坚定学生理想信念,培育和践行社会主义核心价值观。西南政法大学全球新闻与传播学院的"说服学"课程,将理论分析与案例讲解、实验论证、影像资料相结合,使学生对说服的基本要素有了全面的认识,进一步使学生掌握说服活动中的一般规律和原则,形成人际传播中的说服意识,并具备一定的说服能力。

目前,联盟内各学院现已基本完成课程制作,联盟内学生均可通过中国慕课、智慧树等平台或者课程视频播放进行线上学习,实现课程共享。各学院积极进行沟通协调,成绩互通、学分互认等方面已取得了突破性进展。例如,中国政法大学民商经济法学院通过与学校教务部门的沟通协调,已经完成了对思政"全"课堂所有课程的属性认定与学分转换工作,学生已经完成"大学生职业素养专项课程""说服学""自我认知与职业生涯规划""中医护理学"课程的修读;东北财经大学工商管理学院学生也已经在中国慕课平台完成了对西南政法大学全球新闻与传播学院"说服学"课程的学习。

在思政"全"课堂建设过程中,联盟各成员单位通过网络视频的方式,适应疫情特殊时期需要,打破地域影响,推动共享共建;积极利用"互联网＋思政"的授课方式,创新课堂教学模式,推进现代信息技术在课程思政教学中的应用;充分发挥跨专业、跨学科的优势,多角度、全方位构建学科互补、专业交叉的课程思政体系;根据不同学科专业的特色和优势,深入研究不同专业的育人目标,深度挖掘提炼专业知识体系中蕴含的思想价值和精神内涵,科学合理地拓展专业课程的广度与深度,激发学生学习兴趣,引导学生深入思考,协同推进课程思政建设,确保将立德树人与铸魂育人落到实处。

2021年3月25日,联盟在中国政法大学举行思政"全"课堂启动仪式,并得到了人民网、法制网、全国党媒信息公开平台、人民日报社"中央厨房"、中国教育信息网、《现代教育报》等媒体的报道和关注。

（撰稿人：王洪松　陈莹蓝）

后 记

发展没有终点,改革永无止境,实践不会终结。站在新的起点上,中国海洋大学管理学院将始终坚守为党育人、为国育才的初心,改革创新、奋发进取,以坚如磐石的信心、只争朝夕的干劲、坚韧不拔的毅力,立足新发展阶段,贯彻新发展理念,推动"三全育人"综合改革不断走向深入,努力创造"三全育人"的中国海大实践经验。

本书部分内容是校内外合作团队共同研究总结的成果。在此,诚挚感谢著作撰写过程中给予支持和帮助的各位领导、同仁、同学。

感谢东北财经大学工商管理学院的王玮老师,华东师范大学教育学部的沈晔、白雪源老师,华中科技大学经济学院的彭鹤翔老师,江南大学食品学院的傅莉莉、王胤、朱伟老师,南昌大学经济管理学院的吴金辉老师,南开大学物理学院的韩榕老师,上海大学钱伟长学院的沈青松老师,天津理工大学材料科学与工程学院的从蓉、尚以迪、单晓宇老师,中国石油大学(华东)石油工程学院的赵晓珂、于梦飞老师,中国政法大学民商经济法学院的王洪松、陈莹蓝老师,他们的鼎力支持让本书的案例更为充实丰满。

感谢为本书作序的范其伟副校长。范校长在繁忙的工作之余拨冗认真阅读书稿,并提出详细的修改意见,让我们心怀感激。同时,诚挚感谢在改革过程中始终支持和帮助管理学院的各位领导,限于篇幅,不再逐一列举。在此,一并表示衷心感谢!

感谢管理学院的王正林书记、权锡鉴院长、王竹泉院长、姜忠辉副院长、冷绍升教授、董志文教授、房巧玲教授、周荣森副教授、刘秀丽副教授以及陈子龙、王雪媛、冯晓华、张潇、杨栋倩、依腊、陈可菁、陈佩瑶、王湉、马贝、宋晓缤、丁锐等12位同学,他们提供了很多宝贵的资料及素材。

感谢管理学院的辅导员祁华、李凯、王晓、齐峰、刘笑笑、李勤、赵真、景萍萍等同事,他们多次参与讨论,交流看法,提出了许多很有见地的观点和建议,并在本书出版过程中做了大量细致的工作,使本书得以完美呈现。

感谢海尔集团、海信集团、澳柯玛股份有限公司、上海高顿教育科技有限公司、新东方教育科技集团有限公司等企业的关心和支持。

本书出版得到了中国海洋大学本科评估工作办公室的资助以及中国海洋大学辅导员专项课题精品项目类立项支持,特此致谢。

感谢中国海洋大学出版社为本书出版做出的努力。

对于本书的出版,我一直心有忐忑,担心不够严谨,但也希望能够给同行一点启发。若本书有任何瑕疵,均由本人承担全部责任。欢迎读者批评指正。

中国海洋大学管理学院党委副书记、副院长　乔宝刚

2023 年 8 月